履带车辆热管理

骆清国　桂　勇　刘红彬　**主　编**

尹洪涛　冉光政　张永锋　**副主编**

電子工業出版社
Publishing House of Electronics Industry
北京 · BEIJING

内 容 简 介

车辆的热管理系统是从系统集成的角度出发，统筹热量与发动机和整车之间的关系，采用综合手段控制和优化热量传递的系统。热管理系统可根据车辆工况和环境条件，自动调节冷却强度以保证被冷却对象工作在最佳温度范围，并实现热量的最佳利用。与民用车辆相比，装甲车辆的热管理系统不仅系统更复杂、实现更困难，其目标也不尽相同。本书着重对装甲车辆热管理系统的部件性能、布局方案、系统控制及试验等内容进行分析，以期为装甲车辆热管理系统的设计与运用提供参考。

图书在版编目（CIP）数据

履带车辆热管理 / 骆清国，桂勇，刘红彬主编. —北京：电子工业出版社，2022.12
ISBN 978-7-121-44593-4

Ⅰ. ①履… Ⅱ. ①骆… ②桂… ③刘… Ⅲ. ①履带车－散热－研究
Ⅳ. ①U469.6

中国版本图书馆 CIP 数据核字（2022）第 223700 号

责任编辑：管晓伟
印　　刷：天津画中画印刷有限公司
装　　订：天津画中画印刷有限公司
出版发行：电子工业出版社
　　　　　北京市海淀区万寿路 173 信箱　　邮编：100036
开　　本：720×1 000　1/16　印张：10　　字数：208 千字
版　　次：2022 年 12 月第 1 版
印　　次：2022 年 12 月第 1 次印刷
定　　价：88.00 元

凡所购买电子工业出版社图书有缺损问题，请向购买书店调换。若书店售缺，请与本社发行部联系，联系及邮购电话：（010）88254888，88258888。

质量投诉请发邮件至 zlts@phei.com.cn，盗版侵权举报请发邮件至 dbqq@phei.com.cn。

本书咨询联系方式：（010）88254460，guanxw@phei.com.cn。

前言

车辆的热管理系统是从系统集成的角度出发，统筹热量与发动机和整车之间的关系，采用综合手段控制和优化热量传递的系统。热管理系统可根据车辆工况和环境条件，自动调节冷却强度以保证被冷却对象工作在最佳温度范围，并实现热量的最佳利用。

与民用车辆相比，装甲车辆的热管理系统不仅系统更复杂、实现更困难，其目标也不尽相同。本书着重对装甲车辆热管理系统的部件性能、布局方案、系统控制及试验等内容进行分析，以期为装甲车辆热管理系统的设计与运用提供参考。

本书共 8 章，第 1 章为车辆热管理概述，主要介绍车辆热管理的意义、系统类型、研究现状及装甲车辆的热管理系统；第 2 章为热管理系统的计算基础，主要介绍常用的流动控制方程和传热控制方程；第 3 章为热管理系统的部件特性，主要介绍热管理系统的产热部件与散热部件特性，并以柴油机为例，研究了工况、大气环境和典型极限环境对柴油机热特性的影响；第 4 章为冷却介质，重点介绍各种冷却液及冷却空气的性质，分析冷却液对柴油机性能的影响，以及冷却空气对散热器散热性能的影响；第 5 章为热管理系统的布局，分别从水侧和风侧两方面介绍热管理系统的布局原则，分析不同布局方案的特点；第 6 章为热管理系统的控制，重点介绍热管理系统的自适应控制策略、控制方案、控制算法及控制系统的硬件技术；第 7 章为热管理系统试验，主要介绍热管理系统的半实物试验、台架试验及实车试验；第 8 章为热管理系统的评价，主要介绍热管理系统的性能影响因素、评价指标体系及评价方法与评价实例。

本书在编写过程中，参考了国内外有关文献、教材，在此对这些著作的编著者表示衷心的感谢。由于编者水平有限，疏漏错误在所难免，欢迎读者批评指正。

编者

2021 年 12 月于陆军装甲兵学院

目录

第 1 章　车辆热管理概述……1

1.1　车辆热管理的意义……1

1.2　车辆热管理系统的类型……2

1.2.1　燃油车辆的热管理系统……2

1.2.2　纯电动车辆的热管理系统……2

1.2.3　混合动力车辆的热管理系统……3

1.3　车辆热管理的研究现状……6

1.3.1　国外研究现状……6

1.3.2　国内研究现状……7

1.4　装甲车辆的热管理系统……8

1.4.1　装甲车辆热管理系统的特点……8

1.4.2　装甲车辆热管理系统的发展……10

第 2 章　热管理系统的计算基础……14

2.1　流动控制方程及模型……14

2.1.1　控制方程……14

2.1.2　湍流模型……16

2.2　传热控制方程……21

2.2.1　热传导……21

2.2.2　热对流……22

2.2.3　热辐射……24

第 3 章　热管理系统的部件特性 …… 25
3.1　产热部件特性 …… 26
3.1.1　动力系统 …… 26
3.1.2　传动系统 …… 31
3.2　散热部件特性 …… 36
3.2.1　散热器 …… 37
3.2.2　冷却风扇 …… 38
3.3　部件特性分析实例 …… 39
3.3.1　柴油机热特性的分析 …… 39
3.3.2　柴油机热特性的影响因素 …… 42
第 4 章　冷却介质 …… 47
4.1　冷却液 …… 47
4.1.1　冷却液的特性参数 …… 47
4.1.2　冷却液的应用分析 …… 52
4.2　冷却空气 …… 56
4.2.1　冷却空气的特性参数 …… 56
4.2.2　冷却空气对热管理系统的影响 …… 57
第 5 章　热管理系统的布局 …… 61
5.1　水侧布局方案 …… 61
5.1.1　简化模型 …… 61
5.1.2　表示方法 …… 63
5.1.3　布局算法 …… 69
5.1.4　布局实例 …… 71
5.2　风侧布局方案 …… 72
5.2.1　开放式风道动力舱 …… 72
5.2.2　封闭式风道动力舱 …… 76
第 6 章　热管理系统的控制 …… 82
6.1　自适应控制策略 …… 82
6.1.1　前馈控制策略 …… 83
6.1.2　反馈控制策略 …… 84
6.1.3　综合控制策略 …… 86
6.2　自适应控制方案 …… 87

6.2.1 单目标控制方案 …… 87
6.2.2 多目标控制方案 …… 89
6.3 自适应控制算法 …… 90
6.3.1 前馈控制算法 …… 90
6.3.2 反馈控制算法 …… 92
6.3.3 综合控制分析 …… 96
6.4 控制系统的硬件技术 …… 108
6.4.1 传感器 …… 108
6.4.2 控制单元 …… 110
第 7 章 热管理系统试验 …… 112
7.1 半实物试验 …… 112
7.1.1 试验目的 …… 112
7.1.2 试验设备 …… 112
7.1.3 相关试验与分析 …… 119
7.2 台架试验 …… 124
7.2.1 试验目的 …… 124
7.2.2 试验设备 …… 124
7.2.3 相关试验与分析 …… 126
7.3 实车试验 …… 133
7.3.1 试验目的 …… 133
7.3.2 试验设备 …… 133
7.3.3 相关试验及分析 …… 134
第 8 章 热管理系统的评价 …… 135
8.1 指标体系 …… 135
8.1.1 热管理系统性能影响因素 …… 135
8.1.2 热管理系统评价指标体系 …… 137
8.2 综合评价 …… 138
8.2.1 评价方法 …… 138
8.2.2 评价实例 …… 139
参考文献 …… 145

第 1 章

车辆热管理概述

1.1 车辆热管理的意义

热管理最早出现在大型航天器的研制过程中。1979 年，美国国家航空航天局（NASA）在研制大型空间站时首次提出了热管理（Thermal Management）的概念[1]。大型航天器（飞船、空间站等）内部散热量大，加之其仪器、设备数量多且复杂，各种设备对热控的要求不尽相同。传统的设计方法无法有效全面地解决这一问题，因而引入了热管理概念。热管理概念的提出，不仅是技术上的进步，更是管理、设计思想上的突破，它是从被动的控制温度到主动的管理能量的思想转变[2]。目前，热管理的思想被越来越多地应用于社会生活的各个领域，诸如汽车、电子设备、电池、激光器、建筑系统、人体科学等应用场合都能找到热管理思想的应用实例[3-4]。

车辆的热管理系统是从系统集成的角度出发，统筹热量与发动机和整车之间的关系，采用综合手段控制和优化热量传递的系统。热管理系统可根据车辆工况和环境条件，自动调节冷却强度以保证被冷却对象工作在最佳温度范围，如发动机、传动系统、电子装置、机油等的冷却，以及动力舱、驾驶室的温度控制等。热管理系统技术的合理应用能够使车辆的热量得到合理分配和利用，提升车辆的动力性、经济性和工作的可靠性。

1.2 车辆热管理系统的类型

根据动力来源形式的不同，车辆可以分为燃油车辆、纯电动车辆和混合动力车辆。其中，燃油车辆和纯电动车辆的主要产热部件（内燃机和动力蓄电池）的冷却需求和冷却方式差别较大，导致这两种车辆的热管理系统差别也较大；混合动力车辆的热管理系统兼具燃油车辆和纯电动车辆热管理系统的特点，但更复杂。

1.2.1 燃油车辆的热管理系统

传统燃油车辆采用发动机作为动力源，其热管理系统一般包括发动机冷却系统和空调系统。发动机冷却系统由冷却管路、冷却水泵、水箱和散热器组成，通过冷却液循环实现热量从发动机向外界环境的传递，保证发动机在不同工况下运行时，发动机冷却液的出口温度稳定在最佳温度范围内（85～95℃）。空调系统回路主要是对乘员舱进行制冷，实现在高温环境下，将乘员舱的热量向外界环境转移，其工作原理是通过冷媒工质的相变过程，实现从乘员舱吸热和向外界散热；而在寒冷环境下，当乘员舱有升温需求时，通过暖风芯体回路引入发动机冷却回路中的废热，为乘员舱升温提供所需的热能。某型燃油车辆热管理系统的组成示意图[5]如图 1-1 所示。

对涡轮增压器压比较高的发动机，往往还需要加装中冷系统，其主要功能是对增压空气进行冷却，提高进气密度，实现较大的进气量。

1.2.2 纯电动车辆的热管理系统

典型的纯电动车辆的热管理系统包括电机散热系统、电池散热系统和空调系统，其中空调系统的组成与内燃机汽车的空调系统是相同的。电机散热系统主要包括电机、电机控制器、电动水泵和电机散热器等，其作用是将电机及其控制器在工作中产生的热量及时带出以保证正常工作。电池散热系统的主要作用是将动力蓄电池在充放电过程中产生的热量及时散出并保证蓄电池组运行温度的一致性、均匀性和稳定性。电机和电池两个系统对冷却温度的要求不同，电机系统要求运行温度不超过 70℃，而蓄电池组要求运行温度一般为 20～50℃。因此，两者采用了相对独立的冷却循环，如图 1-2 所示的某型纯电动车辆的热管理系统[6]。

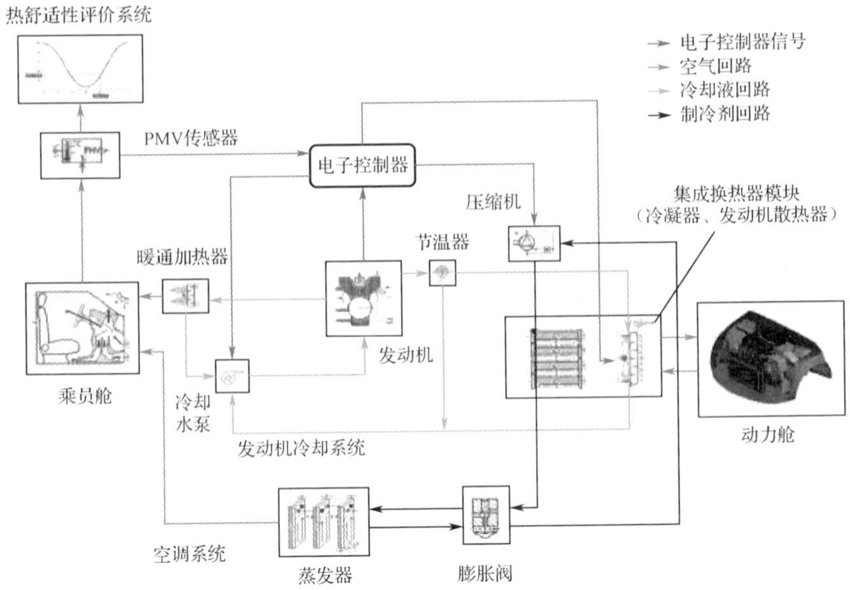

图 1-1　某型燃油车辆热管理系统的组成示意图

1.2.3　混合动力车辆的热管理系统

相较于燃油车辆和纯电动车辆，混合动力车辆的热管理系统更为复杂，其在发动机冷却系统和空调系统的基础上，增加了电机冷却系统和电池热管理系统。目前，混合动力车辆按照动力来源主要分为并联式、串联式和混合式 3 种。如图 1-3 所示，由于并联式混合动力车辆中的电驱动系统为辅助动力系统，驱动电机既可作为电动机使用，也可作为发电机使用，故而可以根据整车动力需求进行削峰填谷，在发动机功率充足时将其转化为电能储存在蓄电池中；而在发动机功率不足时，将电能转化为机械能，以补充发动机的功率。因此，并联式混合动力车辆通常匹配小容量的动力蓄电池和高功率的驱动电机，其电驱动系统热管理的特点是电池冷却需求较低而电机冷却需求较高，相应的热管理系统一般选择“电机液冷+电池风冷”的方式。

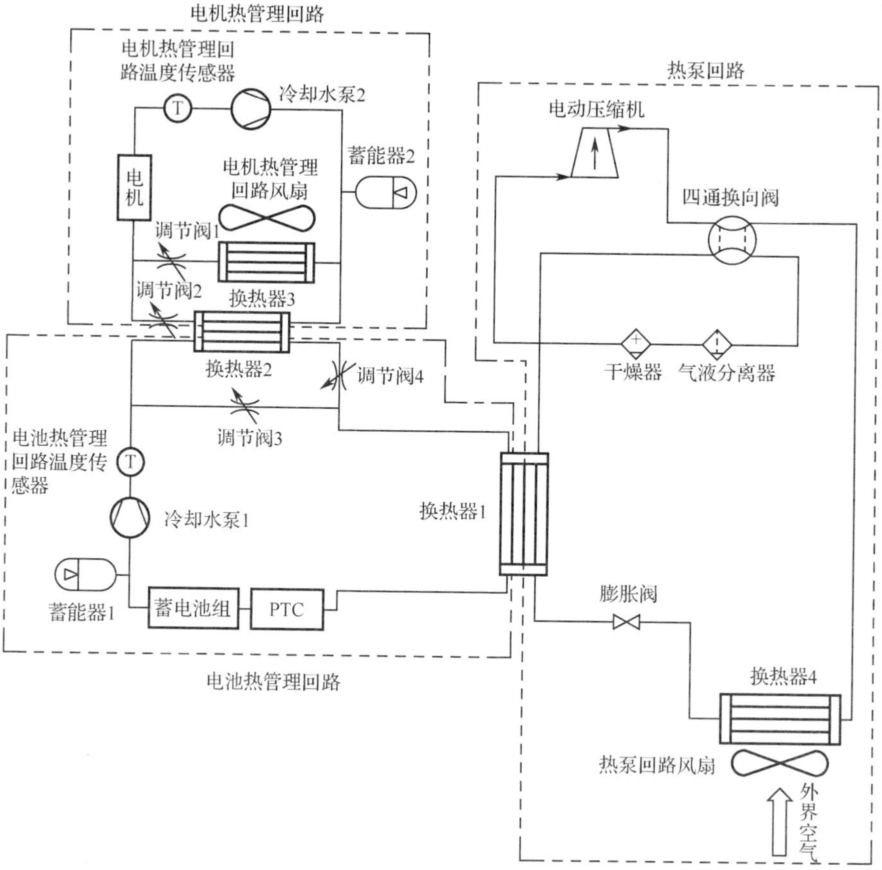

PTC—电动汽车水暖加热器

图 1-2　某型纯电动车辆热管理系统的组成示意图

电机冷却系统由电机冷却水泵、二通阀、电机散热器和电动机组成。电机辅助动力输出和充电过程并非在全工况下运行，在非电机工作工况下无须对电机温度进行调节，热管理系统的开启与关闭由二通阀控制。电机散热器与冷凝器和发动机散热器共同布置在动力舱内构成集成换热器模块，三组换热器共用一个冷却风扇，各换热器空间安放位置按照工质换热温度从低到高的原则进行安排。动力蓄电池采用风冷方式，由空调制冷空气进行降温冷却，并配置独立风扇调节风量。电机和电池均配备温度传感器，电子控制器根据电机、电池的工作温度反馈信号分别控制电机冷却水泵的转速和电池冷却风扇的转速。

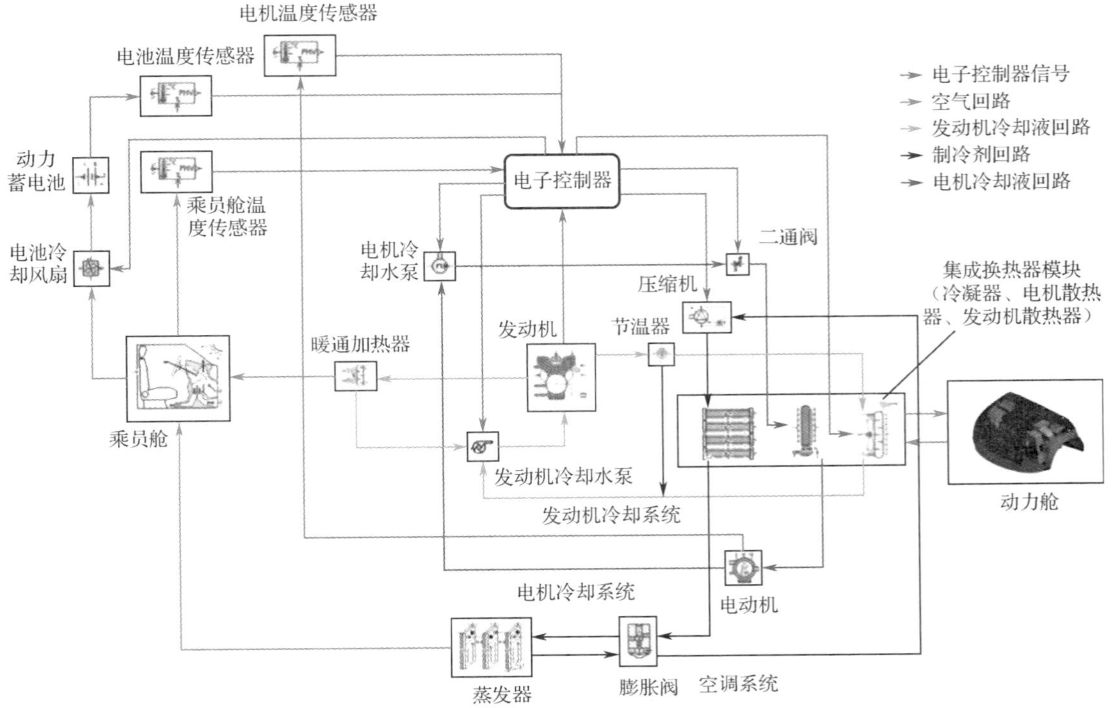

图 1-3　某型并联式混合动力车辆热管理系统的组成示意图

1.3 车辆热管理的研究现状

1.3.1 国外研究现状

早期的车辆热管理主要集中在发动机的散热效果及性能提升上。1981 年，美国提出了冷却系统智能化控制的概念，其思想是使用电动风扇取代传统的机械风扇，根据柴油机的温度和负荷情况，控制风扇的转速，减少柴油机驱动冷却风扇的功率损失，同时缩短冬季柴油机起动的预热时间，减少传热损失。但是由于当时技术上的缺陷，实用化后仍存在一系列问题。随着电子技术的不断进步，各国在冷却系统智能化控制方面的研究逐渐深入。1999 年，法国法雷奥公司提出了在柴油机上配置名为智能热调节系统的新型电子调节系统，用于改善柴油机的冷却性能。该系统实现了水泵和气缸体的分离，水泵的流量和通风装置都通过柴油机的电控单元（ECU）进行调整和控制，这样不仅有利于水泵的安装，也能远离气缸体这一热源，因此水泵可以用塑料制成，既降低了成本，也减轻了重量，达到了水泵的转速随冷却液温度的变化而变化，进一步降低传热损失和机械损失，减少排放污染和油耗。2001 年，Satomi Muto 等[7]将散热器和压缩机合二为一，形成单个冷却模块并进行改进，分析结果表明，冷却模块的尺寸和质量都大幅度减小，而散热器和压缩机的性能都得到提升。2002 年，德尔福公司提出了中置风扇配置，即将冷却风扇置于冷凝器后、散热器前，这样可以显著改善空气侧的温度分布，获得较高的空气流速[8]。2008 年，Mohammad 等[9]设计了由伺服电机控制的冷却系统，用基于 Lyapunov 的非线性控制技术来控制冷却液温度。相关仿真和试验结果表明，设计的 4 种控制策略都能很好地实现对冷却液温度的控制，最大稳态偏差范围在 1.1%以内。2009 年，Tharayi Rajesh A 等利用仿真分析和试验方法，研究后置式客车发动机冷却系统的性能，发现在低速工况时可以通过提高散热器风扇的功率来提高散热器的效率；而在高速工况时，散热器的散热效果受风扇功率的影响不大，于是提出利用偏转板将底盘空气导向散热器以提高散热效率的方法。

随着人们对环境气候变化的日益关注，节能、减排成为车辆发展的主要关注点。因此，混合动力及纯电动汽车也越来越受到各大汽车制造商的青睐。近年来，由于电动汽车的发展更为迅速，电动车辆的热管理系统也得到了研究人员的高度关注。2011 年，通用汽车公司推出了一款增程式电动汽车——雪佛兰伏特，该车将电池、乘员舱的热管理系统通过空调系统联系起来，可以同时满足电池和乘员舱的制冷/制热需求[10]。Yokoyama Atsushi 等[11]研发了一种集电机-逆变器和乘员舱的空调系统于一体的集成热管理系统，电机和乘员舱采用串联方式连接，中间有一条旁通回路，通过旁通阀的控制，可以实现电机的冷却及余热回收。2019 年，Shervin Shoai Naini 等[12]设计了一种新型的混合型电机冷却系统，它包括热管、铜管水套、风扇，其中风扇可以加速带走冷凝端的热量。该系统采取被动式和主动式相结合的方式，可以设计有效的控制策略以优化冷却系统的能耗。

1.3.2　国内研究现状

国内对车辆热管理的研究起步较晚。2003 年，清华大学的张扬军等[13]介绍了燃料电池汽车动力系统热管理的基本概念，指出热管理研究主要包括关键部件热特性、热管理系统设计和集成优化、车用环境分析与控制、热管理专项技术 4 方面，并分别对它们的研究特点与难点、研究方法和进展等进行了阐述。2004 年，杨胜利[14]利用整车热管理仿真软件 KULI 建立了某型号商用车系统模型和发动机瞬态模拟模型，并计算了风扇的功率消耗对整车热管理系统的影响，分析了发动机启动暖车的效率。2005 年，谭建勋[15]等结合工程机械行业的实际发展需要，开展了整车热管理系统试验平台的开发工作。该试验平台能够模拟整车实际运行中的各种工况，并测试和记录相应的各种参数。通过一段时间的调试、运行，试验结果表明该试验平台的硬件配置合理、操作方便、数据准确、性能稳定，已达到预定的开发目标。2008 年，齐斌等[16]模拟热部件在整车中的安装使用条件，如水箱、风扇、发动机在机舱中的布置、附件及管路连接等，搭建发动机热管理系统试验台架。根据热管理仿真软件 KULI 建模的参数输入要求，设计台架试验工况。通过仿真和试验的数据对比验证了模型的准确性，并利用 NEDC（欧洲驾驶循环）模拟整车工况，验证冷却系统性能以指导热管理系统零部件的选型与匹配。2008 年，曹旭[17]应用 AMESim 软件对发动机的润滑系统和冷却系统的各组件进行建模，并利用发动机台架进行验证，通过仿真计算优化相关组件的设计。在“十一五”至“十三五”期间，骆清国等[18-22]针对装甲车辆发动机智能化控制冷却系统做了大量工作，在发动机冷却系统控制策略、关键部件方面进行了研究。

随着我国电动汽车市场规模的不断扩大，电动汽车的热管理也成为国内研究人员关注的焦点。2015 年，田玉冬等[23]对一辆额定功率为 21kW 的电动汽车的永磁同步电机设计了一种 C 型环槽水路结构，并运用有限元数值计算的方法，对电机水冷系统及电机内部的三维温度场进行了计算、分析和研究。其结果显示，转子区域内的温度分布均匀，最高温度集中于磁钢中部，定子区域内绕组端部的温度高于中部温度。2016 年，Zou 等[24]针对某款五座电动汽车提出了一种集成热管理系统，可以实现电池和乘员舱的热管理，能够同时满足电池和乘员舱的加热或冷却。2018 年，Feng 等[25]设计了一种微型冷却风扇和热管相结合的冷却系统，热管与圆柱电池通过铜片接触，试验结果证明了热管应用于电池热管理系统的优越性。

1.4 装甲车辆的热管理系统

1.4.1 装甲车辆热管理系统的特点

装甲车辆一般采用功率较大的柴油机作为动力源，然而随着混合动力技术及纯电驱技术的不断发展，两者也将逐步应用于装甲车辆上，以满足作战任务对车辆动力的新要求。不论采用哪种动力技术，由于装甲车辆的特殊性，其热管理系统都不同于民用车辆，主要区别体现在部件布局、冷却水道布置、冷却风道布置等方面。

1）部件布局的不同

由于装甲车辆集火力、防护、机动于一体，需要在有限的空间内布置众多部件以实现上述功能，热管理系统的空间布局必然会受到限制。加之装甲车辆热管理系统的产热部件较多，除发动机本体、中冷器、机油散热器、综合传动系统等传统的产热部件外，随着混合动力系统的出现，电机、电池、电机控制器等电子设备也逐步加入。因此，在有限的空间内，需要对热管理系统的布局进行科学合理的设计，以满足不同产热部件的冷却需求。

2）冷却水道的不同

由于我国装甲车辆的动力系统基本采用柴油机，相比于汽油机，其起动性较差，并且装甲车辆经常面临高原、高寒等特殊地域环境，对柴油机的起动也提出了更高要求。为了保障柴油机冬季的正常起动，装甲车辆都配备了加温系统，通过加温锅，利用冷却液循环为柴油机本体、机油等加温。在冬季环境温度较低时，加温系统与冷却系统通过接通开关连通，其他时间则断开，两者统称为冷却加温系统，如图 1-4 所示。

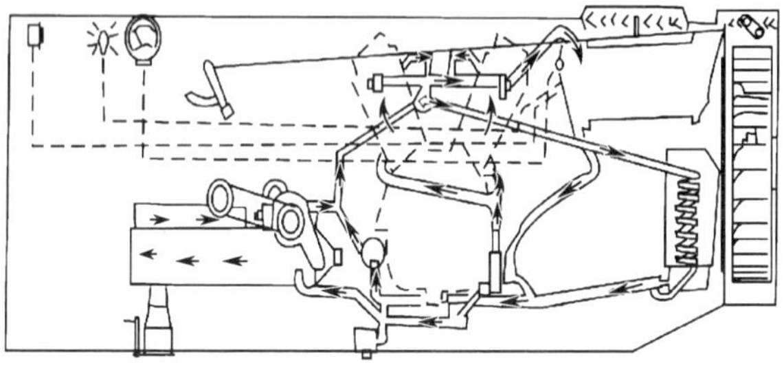

图 1-4　某型柴油机的冷却加温系统

3）冷却风道的不同

装甲车辆的产热和散热部件大部分都布置在动力舱内，不管是前置动力舱还是后置动力舱，从防护的角度考虑，动力舱都相对密闭，因此，不同于民用车辆，装甲车辆的散热都依靠风扇和散热器来实现。根据冷却空气是否流经产热部件表面，可以将冷却风道分为开放式风道和封闭式风道。

（1）开放式风道。开放式风道的进气百叶窗与动力舱内部相通，冷却空气流经散热器后通过发动机、综合传动箱等产热部件的表面，从而保持动力舱内的温度始终处于合理的范围内，如图 1-5 所示。

（2）封闭式风道。封闭式风道的进气百叶窗与动力舱内部不相通，冷却空气只流经散热器，对散热器进行冷却。为了保持动力舱的温度平衡，一般在动力舱的两端开设通风口，其中一个通风口与风扇进气侧相通，通过风扇的引流，实现动力舱的冷却，如图 1-6 所示。

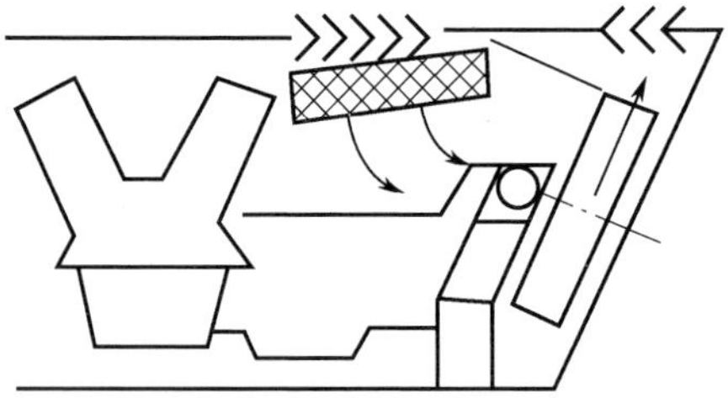

图 1-5　开放式风道动力舱布置图

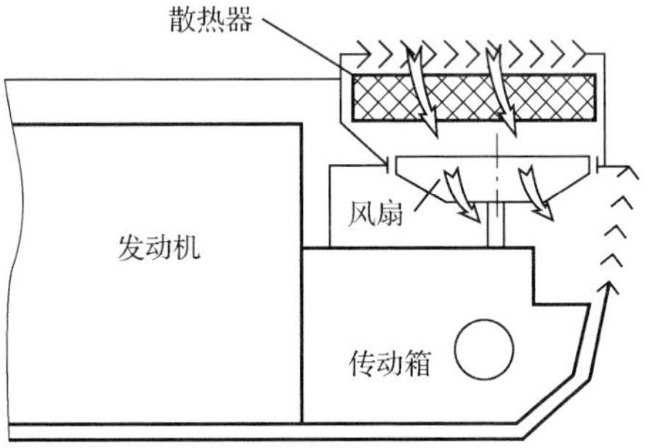

图 1-6　封闭式风道动力舱布置图

1.4.2　装甲车辆热管理系统的发展

由于装甲车辆的特殊性，早期装甲车辆热管理的关注点在于保障系统的可靠性及产热部件的散热需求，系统管理相对粗放，可控性较差，热量利用率也相对较低，需要结合现有民用先进热管理技术及装甲车辆的实际需求，对装甲车辆热管理系统进行合理改进。其发展方向可以归纳为以下几方面。

1）部件精确控制

考虑到部件工作的可靠性，早期装甲车辆的冷却水泵和冷却风扇均采取机械驱动的方式，目前仅有部分装甲车辆的冷却风扇采取液压驱动的方式。对于机械驱动式冷却水泵和冷却风扇，冷却介质流量取决于发动机转速，冷却液的流量及通过散热器的空气流速不能灵活调节，无法实现按需冷却，从而难以保障发动机在最佳温度下工作，导致燃料经济性和发动机性能不佳。液压驱动的冷却风扇也只能实现按挡位调节，无法根据冷却需求实时变化。

电子控制的冷却水泵、冷却风扇及节温器，能够将冷却介质的流速与发动机转速解耦，根据车辆的运行工况动态调整冷却量，实现冷却系统的电控化和智能化，进而达到以下目标：①根据运行工况动态调整冷却强度，避免冷却过度和冷却不足，改善冷却效果，同时降低冷却水泵、冷却风扇的功耗，提高车辆的动力性和燃油经济性；②产热部件能够在合理的温度范围内工作，工作可靠性更高；③能够改善发动机的起动性和排放性能。

目前，冷却系统的电控化在民用汽车上的应用已非常广泛。韩国现代汽车公司生产的某型轿车，将散热器和冷凝器的冷却风扇分别改为电控模式，以对冷却液温度和空调冷凝器温度进行多级联合控制，可使冷却风扇的功率消耗减少 90%，节省燃油 10%[26]。

由于装甲车辆冷却风扇的功率较大，受功率及体积影响，电控风扇还没有应用到装甲车辆上。从可靠性的角度出发，冷却水泵也都采用机械水泵。但随着水泵及电机技术的进步、混合动力的出现、车辆发电量的增大，电控水泵及风扇在装甲车辆上的应用将逐步实现，进而实现装甲车辆热管理系统的精确控制。

2）提高测试技术水平

实现热管理系统的精确控制，需要大量工况及环境参数，如环境温度、大气压力、发动机转速及排气温度等。控制系统将传感器参数、微处理器和执行机构等组织起来，实现各部件的多元联合控制、自动调节、精确控制，保证发动机和整车处于最佳工作状态，减少传热损失和功率损耗。

民用车辆热管理系统的传感器技术已经非常成熟，VALEO 发动机冷却试验是在散热器两侧合理布置测点，以在环境气候风洞中实现对车载散热器两侧的冷却液和空气的流速、温度和压力等的有效测量[27]。文献[28]设计了一种直径仅为 26mm 的半球形传感器，用于直接测量车辆底盘的局部传热系数。Victor Reinz 公司在发动机气缸衬垫中嵌入温度传感器，与传统装在气缸盖水套中的传感器相比，离燃烧室更近，对温度变化的测量也更加可靠和快捷[29]。

由于装甲车辆运行环境恶劣，受传感器工作可靠性、稳定性等因素的影响，早期装甲车辆热管理系统中安装的传感器数量较少。随着传感器技术的发展、可靠性的提高，各类传感器在装甲车辆热管理系统中的应用将变得越来越多。

3）加强废热利用

热平衡试验显示，大多数内燃机仅有 30%左右的燃料热量用于做功，其余的 70%则作为废热被冷却介质和排气等带走。如何合理有效地利用废热是热管理技术的主要研究内容之一。目前，民用车辆对废热的利用主要从以下三个方面着手。

（1）冷却液热量利用。文献[30]对冷却系统进行了改进，取消了散热器风扇，并在暖气风箱中增加鼓风机，将冷却液中的废热用于驾驶室供暖。设计的可调暖通装置适用于一年四季各种不同的外部热环境，在一定程度上提高了废热的利用。

（2）排气热量利用。排气热量利用比较成熟的是排气再循环（EGR）技术，如图 1-7 所示。它通过将部分废气引入进气道对进气进行加热，改善燃烧性能。目前还有一些研究是热电转换技术，文献[31]-[33]运用热电转换相关技术，设计排气热回收装置，通过仿真和试验研究，证明排气热回收系统可行有效。文献[34]则研究了车辆排气废热利用的热电转换技术，研究表明，想要通过热电转换技术来提高车辆的燃料经济性，单纯依靠提高热电转换效率是不够的，还要提高热交换器等相关设备的性能。

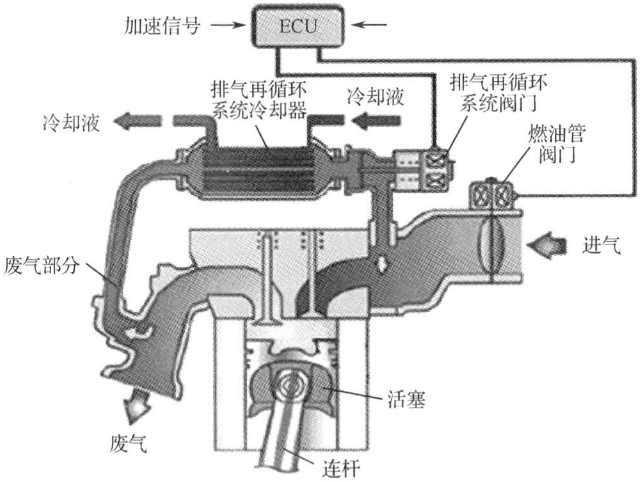

图 1-7　EGR 技术

（3）热量综合利用。热量综合利用是指冷却液热量和废气热量的综合应用。文献[35]运用热泵、暖风循环和暖通空调进行模块设计，构成混合加热系统，并比较该系统在不同运行工况和外部环境下的能效特性及运行模式，为混合加热系统的优化指明了方向。文献[36]分析了金属氢化物制冷系统、吸收式热泵及沸石热泵等发动机废热利用装置的性能及其对材料特性的要求、优缺点和研究现状。

装甲车辆散热器的冷却液温度一般维持在 90℃左右，因此，冷却液的热量可以在冬季加以利用，实现乘员舒适性的改善。此外，还可以考虑将 EGR 技术应用到装甲车辆上，以改善柴油机的燃烧性能。

4）增强乘员舱舒适性

对于热管理系统而言，增强乘员舱舒适性就是如何在不同的恶劣环境下，更好、更快地实现乘员舱温度的舒适性。文献[37]和文献[38]建立了人体生理模型、心理舒适度模型和暖体假人模型，运用计算流体动力学（CFD）分析了车辆驾驶室内的空气流动和传热，研究如何提高乘员舒适性。文献[39]运用数值方法分析了高级绝热材料和车窗传热技术在车辆热管理中的应用，减少了阳光辐射和外部热环境对驾驶室的影响，从而提高了汽车的舒适性。

早期装甲车辆因受到布局的限制，对于增强乘员舒适性的考虑比较少，随着人们对人-机-环重视程度的提高，如何提升驾驶室及战斗舱的温度舒适性逐渐受到关注，下一步计划在装甲车辆上增加空调系统及冬季冷却液热量利用系统。

第 2 章

热管理系统的计算基础

车辆的热管理涉及气体和液体的流动，气体、液体及固体之间的传热，在特殊条件下还涉及气、固两相流，甚至是气、固、液三相流的流动与传热，因此，流动与传热理论是车辆热管理的基础。本章重点介绍流动与传热的相关基础理论知识。

2.1 流动控制方程及模型

2.1.1 控制方程

流体流动受物理守恒定律的支配，基本的守恒定律包括质量守恒定律、动量守恒定律及能量守恒定律。如果流动属于湍流状态，系统还要遵守附加的湍流输运方程，控制方程就是这些守恒定律的数学描述[40-43]。

1）质量守恒方程

任何流动问题都须满足质量守恒定律。该定律可以描述为单位时间内流体微元中质量的增加等于统一时间间隔内流入该微元体的净质量。按照该定律，可以得到质量守恒方程，即

$$\frac{\partial \rho}{\partial t}+\frac{\partial(\rho u)}{\partial x}+\frac{\partial(\rho v)}{\partial y}+\frac{\partial(\rho w)}{\partial z}=0 \tag{2-1}$$

式中，ρ 是密度；t 是时间；u、v、w 是速度矢量在 x、y、z 方向的分量。

2）动量守恒方程

动量守恒定律也是任何流动系统都必须满足的基本定律。该定律可描述为微元体中流体的动量对时间的变化率等于外界作用在该微元体上的各种力之和。按照该定律，可以导出 x、y 和 z 三个方向的动量守恒方程[44]，即

$$\begin{aligned}
\frac{\partial(\rho u)}{\partial t}+\operatorname{div}(\rho u \boldsymbol{u}) &= -\frac{\partial p}{\partial x}+\frac{\partial \tau_{xx}}{\partial x}+\frac{\partial \tau_{yx}}{\partial y}+\frac{\partial \tau_{zx}}{\partial z}+F_x \\
\frac{\partial(\rho v)}{\partial t}+\operatorname{div}(\rho v \boldsymbol{u}) &= -\frac{\partial p}{\partial y}+\frac{\partial \tau_{xy}}{\partial x}+\frac{\partial \tau_{yy}}{\partial y}+\frac{\partial \tau_{zy}}{\partial z}+F_y \\
\frac{\partial(\rho w)}{\partial t}+\operatorname{div}(\rho w \boldsymbol{u}) &= -\frac{\partial p}{\partial z}+\frac{\partial \tau_{xz}}{\partial x}+\frac{\partial \tau_{yz}}{\partial y}+\frac{\partial \tau_{zz}}{\partial z}+F_z
\end{aligned} \tag{2-2}$$

式中，p 是流体微元上的压力；$\boldsymbol{u}$ 是速度矢量；τ_{xx}、τ_{xy} 和 τ_{xz} 等是因分子黏性作用而产生的作用在微元表面上的黏性力 τ 的分量；F_x、F_y 和 F_z 是微元体上的体力。

上文提到的动量守恒方程是对任何类型的流体（包括非牛顿流体）均成立的动量守恒方程，对于牛顿流体，可以用以下形式表示：

$$\begin{aligned}
\frac{\partial(\rho u)}{\partial t}+\frac{\partial(\rho uu)}{\partial x}+\frac{\partial(\rho uv)}{\partial y}+\frac{\partial(\rho uw)}{\partial z} &= \frac{\partial}{\partial x}\left(\mu\frac{\partial u}{\partial x}\right)+\frac{\partial}{\partial y}\left(\mu\frac{\partial u}{\partial y}\right)+\frac{\partial}{\partial z}\left(\mu\frac{\partial u}{\partial z}\right)-\frac{\partial p}{\partial x}+S_u \\
\frac{\partial(\rho v)}{\partial t}+\frac{\partial(\rho vu)}{\partial x}+\frac{\partial(\rho vv)}{\partial y}+\frac{\partial(\rho vw)}{\partial z} &= \frac{\partial}{\partial x}\left(\mu\frac{\partial v}{\partial x}\right)+\frac{\partial}{\partial y}\left(\mu\frac{\partial v}{\partial y}\right)+\frac{\partial}{\partial z}\left(\mu\frac{\partial v}{\partial z}\right)-\frac{\partial p}{\partial y}+S_v \\
\frac{\partial(\rho w)}{\partial t}+\frac{\partial(\rho wu)}{\partial x}+\frac{\partial(\rho wv)}{\partial y}+\frac{\partial(\rho ww)}{\partial z} &= \frac{\partial}{\partial x}\left(\mu\frac{\partial w}{\partial x}\right)+\frac{\partial}{\partial y}\left(\mu\frac{\partial w}{\partial y}\right)+\frac{\partial}{\partial z}\left(\mu\frac{\partial w}{\partial z}\right)-\frac{\partial p}{\partial z}+S_w
\end{aligned} \tag{2-3}$$

式中，S_u、S_v 和 S_w 是动量守恒方程的广义源项。式（2-3）又称为 Navier-Stokes 方程。

3）能量守恒方程

能量守恒定律是包含热交换的流动系统所需满足的基本定律。该定律可以表述为微元体中能量的增加率等于进入微元的净热流量加上体力与面力对微元所做的功。该定律实际是热力学第一定律，因此可以得到以温度 T 为变量的能量守恒方程，即

$$\frac{\partial(\rho T)}{\partial t}+\frac{\partial(\rho uT)}{\partial x}+\frac{\partial(\rho vT)}{\partial y}+\frac{\partial(\rho wT)}{\partial z}=\frac{\partial}{\partial x}\left(\frac{k}{c_p}\frac{\partial T}{\partial x}\right)+\frac{\partial}{\partial y}\left(\frac{k}{c_p}\frac{\partial T}{\partial y}\right)+\frac{\partial}{\partial z}\left(\frac{k}{c_p}\frac{\partial T}{\partial z}\right)+S_T \tag{2-4}$$

式中，c_p是比定压热容；T为温度；k为流体的传热系数；S_T为流体的内热源及由于黏性作用流体机械转换为热能的部分，有时简称为黏性耗散项。

2.1.2 湍流模型

热管理系统内部的气体和液体的流动基本都是复杂的湍流运动。一般认为，无论湍流运动多么复杂，非稳态的 Navier-Stokes 方程对于湍流的瞬时运动是适用的。湍流运动与换热的数值计算是目前计算流体力学与计算传热学中困难最多、研究最活跃的领域之一，已经采用的数值计算方法可以大致分为以下三类[44]。

1）直接数值模拟方法

直接数值模拟（DNS）方法的实质是直接利用瞬时的 Navier-Stokes 方程对湍流进行计算。其优点是不需要对湍流流动进行任何简化或近似处理，在理论上可以得到相对准确的计算结果[44]。

但大量的研究表明，在一个 0.1m×0.1m 的流动区域中，高 Reynolds 数的湍流中包含尺度为 10～100μm 的涡，若要描述所有尺度的涡，计算的网格节点数将达到 10^9～10^{12} 个。而湍流脉动的频率约为 10kHz，因此必须将时间的离散步长取为100μs 以下。只有在如此微小的空间和时间步长下，才能分辨出湍流中详细的空间结构及变化剧烈的时间特性。对于上述计算要求，现有计算能力略显不足，实用性也较差。由于直接数值模拟对计算速度及内存空间的要求非常高，目前还无法用于真正意义上的工程计算，但大量的探索性工作正在进行之中[44]。

2）大涡模拟方法

为了模拟湍流流动，一方面要求计算区域的尺寸应大到足以包含湍流运动中出现的最大涡；另一方面要求计算网格的尺度应小到足以分辨最小涡的运动。然而就目前的计算能力来讲，能够采用的计算网格的最小尺度仍比最小涡的尺度大很多。因此，目前只能放弃对全尺度范围内涡的运动的模拟，只将比网格尺度大的湍流运动通过 Navier-Stokes 方程直接计算出来，对于小尺度的涡对大尺度运动的影响则通过建立模型来模拟，从而形成了现有的大涡模拟（LES）方法[44]。

大涡模拟方法的基本思想可以概括为以下内容：利用瞬时的 Navier-Stokes 方程直接模拟湍流中的大尺度涡，而不直接模拟小尺度涡，小涡对大涡的影响则通过近似的模型来考虑[44]。

总体而言，大涡模拟方法对计算机内存及 CPU 速度的要求仍较高，但低于直接数值模拟方法。

3）Reynolds 平均法

虽然瞬时的 Navier-Stokes 方程可以用于描述湍流，但是由于它的非线性，导致利用解析的方法精确描述三维时间相关的全部细节变得非常困难，即使能真正获得这些细节，对于解决实际问题也没有太大的帮助。其原因是从工程应用的观点出发，重点是湍流所引起的平均流场的变化，它是整体的效果。因此，人们很自然地想到求解时均化的 Navier-Stokes 方程，并将瞬态的脉动量通过某种模型在时均化的方程中体现出来，由此产生了 Reynolds 平均法。Reynolds 平均法的实质是将湍流运动看成两个流动的叠加，其中一个是时间平均流动，另一个是瞬时脉动流动。这样可以将脉动分离出来，以便于处理和进一步的计算。引入 Reynolds 平均法，将任一变量 ϕ 的时间平均值定义为[44]

$$\overline{\phi}=\frac{1}{\Delta t}\int_{t}^{t+\Delta t}\phi(t)\mathrm{d}t \tag{2-5}$$

用 ϕ 表示物理量的瞬时值，$\overline{\phi}$ 表示时均值，ϕ' 表示脉动值，则三者之间的关系为

$$\phi=\overline{\phi}+\phi' \tag{2-6}$$

采用上述方法对流体运动控制方程中的应变量进行分解，并对方程中的各项进行雷诺平均，即可得到湍流时均流动的控制方程，即一组守恒的偏微分方程，具体包括连续性方程、动量守恒方程及时均输运方程[44]。

① 连续性方程：

$$\frac{\partial\rho}{\partial t}+\operatorname{div}(\rho u)=0 \tag{2-7}$$

② 动量守恒方程（Navier-Stokes 方程）：

$$\frac{\partial(\rho u)}{\partial t}+\operatorname{div}(\rho u\boldsymbol{u})=\operatorname{div}(\mu\operatorname{grad}u)-\frac{\partial p}{\partial x}+\left[-\frac{\partial(\overline{\rho u'^2})}{\partial x}-\frac{\partial(\overline{\rho u'v'})}{\partial y}-\frac{\partial(\overline{u'w'})}{\partial z}\right]+S_u$$

$$\frac{\partial(\rho v)}{\partial t}+\operatorname{div}(\rho v\boldsymbol{u})=\operatorname{div}(\mu\operatorname{grad}v)-\frac{\partial p}{\partial y}+\left[-\frac{\partial\overline{(\rho u'v')}}{\partial x}-\frac{\partial\overline{(\rho v'^2)}}{\partial y}-\frac{\partial\overline{(\rho v'w')}}{\partial z}\right]+S_v$$

$$\frac{\partial(\rho w)}{\partial t}+\operatorname{div}(\rho w\boldsymbol{u})=\operatorname{div}(\mu\operatorname{grad}w)-\frac{\partial p}{\partial z}+\left[-\frac{\partial\overline{(\rho u'w')}}{\partial x}-\frac{\partial\overline{(\rho v'w')}}{\partial y}-\frac{\partial\overline{(\rho w'^2)}}{\partial z}\right]+S_w$$

（2-8）

式中，μ是动力黏度（$\mathrm{N\cdot s/m^2}$）。

③ 时均输运方程：

$$\frac{\partial(\rho T)}{\partial t}+\operatorname{div}(\rho T\boldsymbol{u})=\operatorname{div}(\Gamma\operatorname{grad}T)+\left[-\frac{\partial\overline{(\rho u'T')}}{\partial x}-\frac{\partial\overline{(\rho v'T')}}{\partial y}-\frac{\partial\overline{(\rho w'T')}}{\partial z}\right]+S_T$$

（2-9）

式中，Γ是广义扩散系数。

采用时均形式的连续性方程、动量守恒方程、能量守恒方程后，新增了 6 个 Reynolds 应力，再加上原有的 5 个时均未知量（u_x，u_y，u_z，p和ϕ），方程组不再封闭，必须引入新的湍流模型方程才能使方程组封闭。常用的湍流模型见表 2-1[44]。

表 2-1　常用的湍流模型

湍流模型	涡粘模型	零方程模型	混合长度理论
			卡门相似理论
			亚网格尺度代数湍流模型
		一方程模型	k 方程模型
		两方程模型	标准 k-ε模型
			Realizable k-ε模型
			RNG k-ε模型
		多方程模型	
	雷诺应力模型	代数雷诺应力模型	
		微分雷诺应力模型	

根据国内外专家的大量研究，在实际内燃机流场的湍流描述中，k-ε 模型仍然是最合适的模型。标准 k-ε 模型是典型的两方程模型，也是目前使用最广泛的湍流模型。标准 k-ε 模型是在湍动能 k 的方程的基础上，引入一个关于湍动耗散率 ε 的方程所形成的 k-ε 两方程模型。该模型由 Launder 和 Spalding 于 1972 年提出。当采用标准 k-ε 模型求解

流动及换热问题时，控制方程包括连续性方程、动量守恒方程、能量守恒方程、k 方程和 ε 方程。在标准 k-ε 模型中，k 和 ε 是两个基本未知量，与之相对应的输运方程为[44]

$$\frac{\partial(\rho k)}{\partial t}+\frac{\partial(\rho k u_i)}{\partial x_i}=\frac{\partial}{\partial x_j}\left[\left(\mu+\frac{\mu_t}{\sigma_k}\right)\frac{\partial k}{\partial x_j}\right]+G_k+G_b-\rho\varepsilon-Y_M+S_k \tag{2-10}$$

$$\frac{\partial(\rho\varepsilon)}{\partial t}+\frac{\partial(\rho\varepsilon u_i)}{\partial x_i}=\frac{\partial}{\partial x_j}\left[\left(\mu+\frac{\mu_t}{\sigma_\varepsilon}\right)\frac{\partial\varepsilon}{\partial x_j}\right]+C_{1\varepsilon}\frac{\varepsilon}{k}(G_k+C_{3\varepsilon}G_b)-C_{2\varepsilon}\rho\frac{\varepsilon^2}{k}+S_\varepsilon \tag{2-11}$$

式中，G_k 是由于平均速度梯度引起的湍动能 k 的产生项；G_b 是由于浮力引起的湍动能 k 的产生项；Y_M 代表可压湍流中脉动扩张的贡献；$C_{1\varepsilon}$、$C_{2\varepsilon}$、$C_{3\varepsilon}$ 为经验常数；σ_k 和 σ_ε 分别是湍动能 k 和耗散率 ε 对应的 Prandtl 数；S_k 和 S_ε 是用户定义的源项。

在标准 k-ε 模型中，根据 Launder 等的推荐值及后来的实验验证，可得模型常数 $C_{1\varepsilon}=1.44$，$C_{2\varepsilon}=1.92$，$C_\mu=0.09$，$\sigma_k=1.0$，$\sigma_\varepsilon=1.3$

表 2-2 列出了三维直角坐标系下 k-ε 模型的控制方程[44]。

表 2-2　三维直角坐标系下 k-ε 模型的控制方程

方程	ϕ	扩散系数 Γ	源项 S
连续	1	0	0
x 动量	u	$\mu_{\text{eff}}=\mu+\mu_t$	$-\frac{\partial p}{\partial x}+\frac{\partial}{\partial x}\left(\mu_{\text{eff}}\frac{\partial u}{\partial x}\right)+\frac{\partial}{\partial y}\left(\mu_{\text{eff}}\frac{\partial v}{\partial x}\right)+\frac{\partial}{\partial z}\left(\mu_{\text{eff}}\frac{\partial w}{\partial x}\right)+S_u$
y 动量	v	$\mu_{\text{eff}}=\mu+\mu_t$	$-\frac{\partial p}{\partial y}+\frac{\partial}{\partial x}\left(\mu_{\text{eff}}\frac{\partial u}{\partial y}\right)+\frac{\partial}{\partial y}\left(\mu_{\text{eff}}\frac{\partial v}{\partial y}\right)+\frac{\partial}{\partial z}\left(\mu_{\text{eff}}\frac{\partial w}{\partial y}\right)+S_v$
z 动量	w	$\mu_{\text{eff}}=\mu+\mu_t$	$-\frac{\partial p}{\partial z}+\frac{\partial}{\partial x}\left(\mu_{\text{eff}}\frac{\partial u}{\partial z}\right)+\frac{\partial}{\partial y}\left(\mu_{\text{eff}}\frac{\partial v}{\partial z}\right)+\frac{\partial}{\partial z}\left(\mu_{\text{eff}}\frac{\partial w}{\partial z}\right)+S_w$
湍动能	k	$\mu+\frac{\mu_t}{\sigma_k}$	$G_k+\rho\varepsilon$
耗散率	ε	$\mu+\frac{\mu_t}{\sigma_\varepsilon}$	$\frac{\varepsilon}{k}(C_{1\varepsilon}G_k-C_{2\varepsilon}\rho\varepsilon)$
能量	T	$\frac{\mu}{P_r}+\frac{\mu_t}{\sigma_T}$	S 按实际问题而定

在将各类变量的控制方程都写成表 2-2 所示的统一形式后，控制方程的离散化及求解方法可以得到统一，这为发展大型通用计算程序提供了条件。不同变量之间的区别仅限于广义扩散系数、广义源项及初值、边界条件三方面。对于标准 k-ε 模型的适用性，需要注意以下几点[44]：

（1）模型中的有关系数主要是根据一些特殊条件下的试验结果确定的，需要在数值计算过程中针对特定的问题，参考相关文献研究更合理的取值。

（2）当雷诺数（Re）较低时，如在近壁区内的流动，湍流发展并不充分，湍流的脉动影响可能不如分子黏性的影响大，在更贴近壁面的底层内，流动可能处于层流状态。这时，必须采用特殊的处理方式，以解决近壁区内的流动计算及低 Re 数时的流动计算问题。常用的解决方法有两种：一种是采用壁面函数法；另一种是采用低 Re 数的 k-ε 模型。

（3）壁面函数法实际上是一组半经验公式，用于将壁面上的物理量与湍流核心待求的未知量进行直接联系，它必须与高 Re 数的 k-ε 模型配合使用[44]。壁面函数法的基本思想是对于湍流核心区的流动使用 k-ε 模型求解，而在壁面区不进行求解，直接使用半经验公式将壁面上的物理量与湍流核心区内的求解变量联系起来，可以归纳为下述几项。

① 假设在所计算问题的壁面附近、黏性子层以外的区域，无量纲速度与温度分布服从对数分布律。

② 在划分网格时，把第一个内结点 p 布置在对数分布律成立的范围内，即配置到旺盛的湍流区域内，如图 2-1 所示。

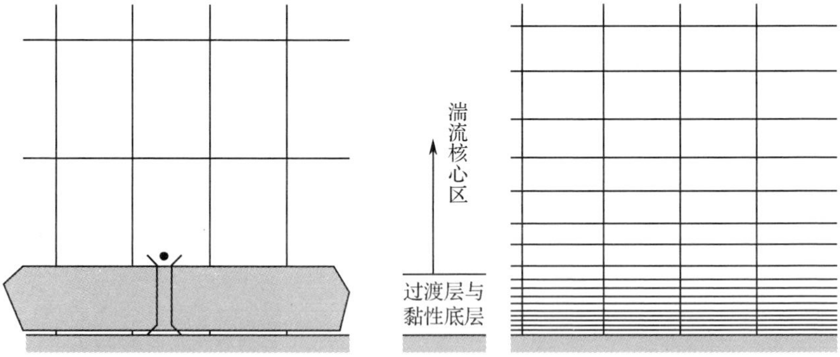

（a）壁面函数法对应的计算网格　　（b）低Re数k-ε模型对应的计算网格

图 2-1　求解壁面区流动的两种途径所对应的计算网格

③ 第一个内结点与壁面之间区域的当量黏性系数 μ_t 及当量导热系数 λ_t 按照下列公式进行计算。

$$\tau_w = \mu_t \frac{u_p - u_w}{y_p} \tag{2-12}$$

$$q_w = \lambda_t \frac{T_p - T_w}{y_p} \tag{2-13}$$

式中，τ_w、q_w 由对数分布律规定；u_w、T_w 为壁面上的速度与温度。

④ 选择第一个内结点 p 上 k_p 和 ε_p 的确定方法。k_p 之值仍可按照 k 方程计算，取其边界条件为 $(\partial k/\partial y)_w \approx 0$。至于壁面上的 ε 值，在得知 k_p 后，可按下式计算 ε_p [44]，即

$$\varepsilon_p = \frac{c_\mu^{\frac{3}{4}} k_p^{\frac{3}{2}}}{k \cdot y_p} \tag{2-14}$$

应用壁面函数时，要求边界层包含在壁面的第一层网格内，以使壁面无量纲距离 y^+ 在 30～500 的范围内。如果质心节点距离壁面过近或过远，壁面函数就会失效，所预测的变量分布将偏离假设的情况。因此，在建立网格模型时，应按照要求在近壁区建立一层贴壁网格，以获得高精度的数值模拟结果。

2.2　传热控制方程

根据热量传递的机理，存在 3 种基本的热量传递方式，即热传导、热对流和热辐射。在车辆热管理系统中，由于涉及内燃机的燃烧与传热、换热器的换热及动力舱内热量的传递等，热量传递过程复杂多变，但都满足热传导、热对流和热辐射 3 种传热基本规律。

2.2.1　热传导

热传导是指温度不同的物质间不发生相对宏观运动，仅依靠分子、原子及自由电子等微观粒子的热运动所产生的热量传递现象。热传导可以发生在同一物体的不同部分之间，也可以发生在相互接触的不同物体之间。在车辆热管理系统中，发动机燃烧室内高温气体与气缸壁间的传热、气缸壁内壁面到外壁面的传热、冷却水腔壁面与冷却液间的传热，以及电机、电机控制器等其他热部件的内部及其与外部的传热都包含了热传导过程。

热传导现象遵循傅里叶定律，即单位时间内通过单位截面积传递的热量与垂直于界面方向上的温度变化率呈正比。傅里叶定律的数学表达式[45]为

$$\Phi = -\lambda A \frac{\partial t}{\partial x} \tag{2-15}$$

式中，Φ 为热流量（W）；λ 为导热系数[W/(m·K)]；A 为面积（m^2）；x 为垂直于 A 的坐标轴；t 为温度（K）。

由傅里叶定律可以推出，笛卡尔坐标中三维非稳态导热微分方程为

$$\rho c \frac{\partial t}{\partial \tau} = \frac{\partial}{\partial x}\left(\lambda \frac{\partial t}{\partial x}\right) + \frac{\partial}{\partial y}\left(\lambda \frac{\partial t}{\partial y}\right) + \frac{\partial}{\partial z}\left(\lambda \frac{\partial t}{\partial z}\right) + \dot{\Phi} \tag{2-16}$$

式中，ρ 为微元密度（kg/m^3）；$\dot{\Phi}$ 为单位时间内单体积中热源生成的热量（J）；c 为比热容［J/（kg·K）］；τ 为温度（K）。

求解导热微分方程需要给定初始条件和边界条件。热传导问题的边界条件有三类：第一类边界条件用于规定边界上的温度值 t_w；第二类边界条件用于规定边界上的热流密度 q_w；第三类边界条件用于规定边界上物体与周围流体间的表面传热系数 h 及周围流体的温度 t_f。

2.2.2 热对流

热对流是指由于流体的宏观运动，流体各部分之间发生相对位移、冷热流体相互掺混所引起的热量传递过程。它只能发生在流体中，并且由于流体中的分子同时进行不规则的热运动，热对流必然伴随热传导现象。在车辆热管理系统中，发动机燃烧室内高温气体与气缸壁间的传热、冷却水腔壁面与冷却液间的传热、电机等热部件冷却液间的传热，以及换热器中流体与壁面的传热都是流体流过物体表面的热传递过程。这种流体流过固体壁面时依靠导热和对流两种方式共同作用将热量由温度较高的一方传递给温度较低一方的热量传递过程称为对流换热过程。对流换热不是基本传热方式，却是热管理中最重要的换热过程。对流换热可分为自然对流和强制对流，热管理系统中涉及的换热过程主要是强制对流。对流换热以牛顿冷却公式为基本计算式，即

$$\Phi = hA \cdot \Delta t \tag{2-17}$$

式中，Φ 为热流量（W）；h 为表面传热系数［W/（m^2·K）］；A 为换热

面积（m^2）；Δt 为壁面与流体间的温度差（K）。

在热管理系统的研究中，为建立对流换热数学模型，可以对热管理系统中的冷却液做以下假设：①流动是三维的；②流体为不可压缩的牛顿型流体；③流体物性为常数，无内热源；④黏性耗散产生的耗散热可以忽略不计。以图 2-2 所示笛卡尔坐标系中的流体微元为研究对象，建立冷却液的流动和传热数学模型。

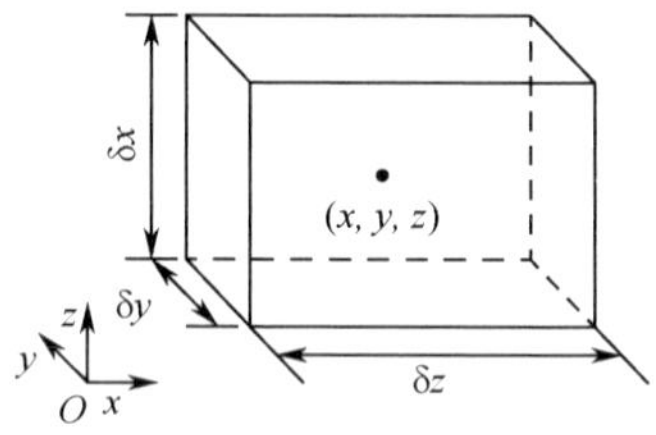

图 2-2　流体微元示意图

（1）连续性方程：

$$\frac{\partial u}{\partial x}+\frac{\partial v}{\partial y}+\frac{\partial w}{\partial z}=0 \tag{2-18}$$

式中，u、v、w 分别为 x、y、z 3 个方向的速度分量。

（2）动量守恒方程：

$$\begin{aligned}
\frac{\partial(u\cdot u)}{\partial x}+\frac{\partial(u\cdot v)}{\partial y}+\frac{\partial(u\cdot w)}{\partial z}&=v\left(\frac{\partial^2 u}{\partial x^2}+\frac{\partial^2 u}{\partial y^2}+\frac{\partial^2 u}{\partial z^2}\right)-\frac{1}{\rho}\frac{\partial p}{\partial x}\\
\frac{\partial(v\cdot u)}{\partial x}+\frac{\partial(v\cdot v)}{\partial y}+\frac{\partial(v\cdot w)}{\partial z}&=v\left(\frac{\partial^2 v}{\partial x^2}+\frac{\partial^2 v}{\partial y^2}+\frac{\partial^2 v}{\partial z^2}\right)-\frac{1}{\rho}\frac{\partial p}{\partial y}\\
\frac{\partial(w\cdot u)}{\partial x}+\frac{\partial(w\cdot v)}{\partial y}+\frac{\partial(w\cdot w)}{\partial z}&=v\left(\frac{\partial^2 w}{\partial x^2}+\frac{\partial^2 w}{\partial y^2}+\frac{\partial^2 w}{\partial z^2}\right)-\frac{1}{\rho}\frac{\partial p}{\partial z}
\end{aligned} \tag{2-19}$$

式中，v 为流体的运动黏度（m^2/s）；p 为作用在微元体各方向上的压力（Pa）；ρ 为流体的密度（kg/m^3）。

（3）能量守恒方程：

$$\frac{\partial(T\cdot u)}{\partial x}+\frac{\partial(T\cdot v)}{\partial y}+\frac{\partial(T\cdot W)}{\partial z}=\frac{\lambda}{\rho\cdot c_p}\left(\frac{\partial^2 T}{\partial x^2}+\frac{\partial^2 T}{\partial y^2}+\frac{\partial^2 T}{\partial z^2}\right)+\frac{\Phi}{\rho} \tag{2-20}$$

式中，T 为微元体的温度（K）；λ 为导热系数［W/（m·K）］；c_p 为流体的定压比热容［J/（kg·K）］；Φ 为由于黏性作用引起的机械能转换为热能的部分，称为耗散函数，可按下式计算。

$$\Phi=\eta\cdot\left\{\begin{matrix}2\times\left[\left(\frac{\partial u}{\partial x}\right)^2+\left(\frac{\partial v}{\partial y}\right)^2+\left(\frac{\partial w}{\partial z}\right)^2\right]+\\\left(\frac{\partial u}{\partial y}+\frac{\partial v}{\partial x}\right)^2+\left(\frac{\partial u}{\partial z}+\frac{\partial w}{\partial x}\right)^2+\left(\frac{\partial v}{\partial z}+\frac{\partial w}{\partial y}\right)^2\end{matrix}\right\}+\lambda\cdot\mathrm{div}\,V \tag{2-21}$$

式中，η 为流体的动力黏度（Pa·s）。

以上为对流换热过程须遵循的 3 个数学方程，也是进行对流换热研究的基础。完整的数学描述还应包含定解条件、初始时刻的条件，以及边界上与速度、压力和温度有关的条件。

2.2.3 热辐射

热辐射是物体表面对外发射可见和不可见的射线以进行能量传递的现象。对于任何物体而言，只要温度高于绝对零度，就会不断地对外进行热辐射。同时物体表面又会不断吸收周围其他物体所发出的热辐射。这种辐射与吸收的综合结果促成了以热辐射方式进行的物体间的热量传递——辐射换热。在辐射换热过程中，高温物体辐射给低温物体的能量大于低温物体辐射给高温物体的能量，因此总的效果是热量从高温物体传至低温物体，如果物体间的温度相等，则相互辐射的能量相等，辐射换热量为零。在车辆热管理系统中，发动机机体、排气管与增压器等高温热部件都会与周围的物体进行辐射换热。辐射换热的热量计算可参考下式[45]：

$$\Phi=\varepsilon_1 A_1\sigma(T_1^4-T_2^4) \tag{2-22}$$

式中，Φ 为热流量（W）；ε_1 为物体的发射率；A_1 为辐射表面积（m^2）；σ 为斯特藩-玻尔兹曼常量；T_1 为发射物表面温度（℃）；T_2 为周围介质温度（℃）。

第 3 章 热管理系统的部件特性

车辆热管理系统主要是对车辆在工作过程中产生的热量进行科学的管理、合理的分配和利用，因此，了解产热部件和散热部件的特性对热管理系统的研究非常重要。

产热部件是热管理系统热量的来源，只有准确地掌握其规律，才能对热管理系统进行科学的布局和控制，实现热量的合理控制和分配。可以通过仿真、试验等手段研究车辆热管理系统产热部件的热特性。随着仿真工具和手段的不断更新和提高，仿真方法的应用越来越广泛。

车辆热管理系统的散热分为风冷和水冷两种，其中水冷系统因为冷却效果好、强度大而被广泛使用。如图 3-1 所示，某水冷型热管理系统

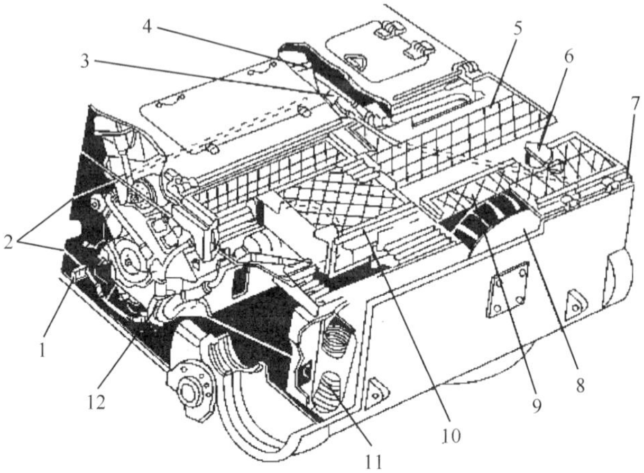

1—放水开关；2—加温器连接水管；3—接通开关；4—蒸汽排除管；5—进气百叶窗；6—加水口盖；7—风扇折连装甲板；8—冷却风扇；9—排气百叶窗；10—散热器；11—蛇形水管；12—冷却水泵

图 3-1　某水冷型热管理系统的结构

的散热主要依靠冷却水泵将冷却液泵入各热源部件并带走热量，冷却液温度升高后流入散热器，冷却风扇将冷却风从动力舱上部的进气百叶窗吸入，冷却风流经散热器及动力舱各部件表面进行冷却。由此可知，车辆热管理系统的散热特性与冷却风扇、散热器、冷却风道（百叶窗、蜗壳等）及动力舱的布置等都息息相关。

3.1 产热部件特性

3.1.1 动力系统

动力系统是装甲车辆热量的重要来源，可以说车辆上绝大部分的热量都是由动力系统直接或间接产生的。因此，研究动力系统的产热和传热规律具有十分重要的意义。动力系统是将燃油的化学能通过燃烧转化为热能，再通过工质的膨胀转化为机械能的复杂系统，其缸内热力循环由进气、压缩、燃烧、膨胀、排气等工作过程组成。在热力过程计算中，需要将发动机划分成若干独立的热力平衡系统，系统内在各瞬时各点的工质压力、温度和成分都是均匀的，即处于瞬时热平衡状态，系统之间通过热量与质量的传递相互联系。

1）缸内工作过程

为了列出气缸内工质状态变化的方程式，将气缸作为一个热力系统进行研究，该系统的边界由活塞顶、气缸盖及气缸套壁面组成。缸内工质状态由压力 P、温度 T、质量 m 三个基本参数确定，根据能量守恒定律和质量守恒定律列出系统能量平衡方程和质量平衡方程，并与热力学状态方程一起构成求解缸内工质状态（P、T、m）的方程组[46]，即

$$\frac{\mathrm{d}U}{\mathrm{d}\varphi}=\frac{\mathrm{d}E}{\mathrm{d}\varphi} \tag{3-1}$$

$$\frac{\mathrm{d}m}{\mathrm{d}\varphi}=\frac{\mathrm{d}m_{\mathrm{g}}}{\mathrm{d}\varphi} \tag{3-2}$$

$$PV=mRT \tag{3-3}$$

式中，U 是系统内工质内能；E 是整个系统内能；φ 是曲轴转角。

若将工质的内能和质量表示为曲轴转角的函数，则内能随曲轴转角的变化率可表示为

$$\frac{dU}{d\varphi}=\frac{d(mu)}{d\varphi}=u\frac{dm}{d\varphi}+m\frac{du}{d\varphi} \tag{3-4}$$

因为内能是温度和工质成分的函数，所以有

$$\frac{dU}{d\varphi}=\frac{\partial u}{\partial T}\frac{dT}{d\varphi}+\frac{\partial u}{\partial \alpha_m}\frac{d\alpha_m}{d\varphi} \tag{3-5}$$

式中，α_m 是工质成分。

将式（3-4）和式（3-5）代入式（3-1）可得

$$\frac{dT}{d\varphi}=\frac{1}{mc_V}\left(\frac{dE}{d\varphi}-u\frac{dm}{d\varphi}-m\frac{\partial u}{\partial \alpha_m}\frac{d\partial m}{d\varphi}\right) \tag{3-6}$$

式中，c_V 是定容比热容。

根据式（3-6）可求得循环中气缸工质温度的变化，它可与式（3-2）和式（3-3）联立求解，得到 P、m 等参数。

气缸内被分割为中间区、挤流区、头部区和活塞凹槽区 4 个区域。在每个时间步长内，每个区域的轴向速度、径向速度和涡流速度的计算都要考虑燃烧室几何形状、活塞位置和因进、排气而形成的涡流的影响。缸内湍流模型基于 Kinetic 能量方程和湍流耗散率方程，通过计算瞬时紊流强度和湍流长度尺度来预测缸内燃烧和流体传热。

缸内流动主要是涡流和滚流，这两者主要是在气体经气门流入气缸时形成的。在第一个循环计算过程中，第一气缸的涡流和滚流被预先设定，计算从进气门关闭开始。第一个循环过后，涡流系数和滚流系数采用第一个循环计算的涡流和滚流力矩的计算结果。涡流系数（Swirl Coefficient）和滚流系数（Tumble Coefficient）定义为角动量矩与线动量矩之比[47-48]，即

$$\text{涡流系数}=\frac{2T_s}{\dot{m}\cdot U_{is}\cdot D} \tag{3-7}$$

$$\text{滚流系数}=\frac{2T_t}{\dot{m}\cdot U_{is}\cdot D} \tag{3-8}$$

$$U_{is}=\sqrt{RT_0}\left[\frac{2\gamma}{\gamma-1}\left(1-P_r^{\frac{r-1}{r}}\right)\right]^{\frac{1}{2}} \tag{3-9}$$

式中，T_s 为涡流矩；T_t 为滚流矩；$\dot{m}$ 为质量流量；U_{is} 为等熵的气门速度；D 为气缸直径；P_r 为绝对压力比（出口处静压力/入口处总压力）；R 为气体常数；T_0 为滞止温度；γ 为比热比（环境温度为 300K 时空气

的比热比为 1.4）。

2）燃烧模型

由于实际燃烧过程较为复杂，燃烧放热规律与燃烧的物理及化学过程、发动机的结构参数及运转参数等诸多因素有关。目前较难用一个简单的数学模型来精确描述实际的燃烧过程，在一般实际工程应用中主要采用一个简化的代用燃烧放热规律进行替代，即认为燃烧是按一定的函数形式进行放热的，并且在代用过程中放出的总热量及所产生的结果（各项性能指标）与实际过程是一致的[49-51]。

目前，国内外常用韦伯函数（Vibe）半经验公式计算燃烧放热率，其形式如下[52-54]：

$$x = 1 - \mathrm{e}^{-a\left(\frac{\varphi-\theta_z}{\varphi_z}\right)^{m+1}} \tag{3-10}$$

$$\frac{\mathrm{d}x}{\mathrm{d}\varphi} = a\frac{m+1}{\varphi_z}\left(\frac{\varphi-\theta_z}{\varphi_z}\right)^m \cdot e^{-a\left(\frac{\varphi-\theta_z}{\varphi_z}\right)^m} \tag{3-11}$$

式中，x是燃烧过程中已燃烧的燃油量占喷入气缸内燃油量的百分比；m是燃烧品质指数，用于表征放热率分布，其值越大，压力升高比越小，燃烧过程越平稳；θ_z是燃烧开始角，当其他参数固定而θ_z增大时，会导致最高爆发压力升高；φ_z是燃烧持续角；φ是曲柄转角；α在完全燃烧时，取 6.908。

三元韦伯函数比较适合模拟高速柴油机的燃烧放热规律，该模型将整个燃烧过程分为预混合燃烧、主燃和后燃，整个燃烧放热率曲线由 3 条韦伯函数曲线叠加而成，即

$$X = X_1 + X_2 + X_3 \tag{3-12}$$

$$\frac{\mathrm{d}X}{\mathrm{d}\varphi} = \frac{\mathrm{d}X_1}{\mathrm{d}\varphi} + \frac{\mathrm{d}X_2}{\mathrm{d}\varphi} + \frac{\mathrm{d}X_3}{\mathrm{d}\varphi} \tag{3-13}$$

式中，X_1、X_2、X_3分别表示预混合燃烧、主燃和后燃的燃料分数。模型中每个部分的燃烧起始时刻相同，并且都有自己的燃烧持续期和燃烧指数。在实际模拟过程中，主燃的燃烧持续期和燃料分数对放热规律影响较大，其次是预混合燃烧的燃料分数和燃烧持续期。

3）传热模型

传热量的计算主要是计算工质和燃烧室诸个壁面的瞬时换热量，可

应用牛顿放热定律进行计算，即

$$\frac{\mathrm{d}Q_{\mathrm{w}}}{\mathrm{d}\varphi}=\frac{1}{6n}\sum\alpha_{\mathrm{g}}\cdot A_i(T-T_{\mathrm{w}i}) \tag{3-14}$$

式中，Q_{w}是瞬时放热量；n是柴油机转速；A_i是气缸内各部分的传热面积；T是瞬时变化的局部平均工质温度；$T_{\mathrm{w}i}$是燃烧室各表面瞬时平均温度；α_{g}是工质与燃烧室壁的放热系数。

因此确定瞬时平均换热系数α_{g}是非常重要的，实际计算时采用 Woschni 公式。它以短管内受迫流动对流换热准则方程为根据，即

$$\mathrm{Nu}=0.035\,\mathrm{Re}^{0.8} \tag{3-15}$$

式中，Nu 是努谢尔数。

Woschni 公式是通过在直喷式和预燃式四冲程增压柴油机、火花点火汽油机上进行广泛实验而得出的，适用范围较广。以式（3-15）为准则得出平均换热系数α_{g}的 Woschni 公式[55]为

$$\alpha_{\mathrm{g}}=820p^{0.8}\cdot T^{-0.53}\cdot D^{-0.2}\cdot\left[C_1\cdot C_{\mathrm{m}}+C_2\cdot\frac{T_{\mathrm{a}}\cdot V_{\mathrm{s}}}{p_{\mathrm{a}}\cdot V_{\mathrm{a}}}(p-p_0)\right]^{0.8} \tag{3-16}$$

式中，p为气缸内工质压力（MPa）；p_0为大气压力；T为气缸内工质温度（K）；D为气缸直径（m）；C_{m}为活塞平均速度（m/s）；p_{a}、T_{a}、V_{a}分别为压缩起始时的气缸压力（MPa）、温度（K）、气缸容积（m^3）；V_{s}为气缸工作容积（m^3）；C_1为气流速度系数，由式（3-17）和式（3-18）表示；C_2为燃烧室形状系数，直喷式燃烧室取 3.24×10^{-3}。

$$C_1=6.18+0.417\frac{C_{\mathrm{u}}}{C_{\mathrm{m}}}\ \text{（进排气阶段）} \tag{3-17}$$

$$C_1=2.28+0.308\frac{C_{\mathrm{u}}}{C_{\mathrm{m}}}\ \text{（压缩膨胀阶段）} \tag{3-18}$$

式中，C_{u}为稳流吹风实验时，风速计叶片的切向速度（m/s）。

4）进、排气流动模型

将进、排气通过进、排气门流入、流出气缸的流动过程视为准稳定流动过程，即当计算步长足够小时，一个步长内的流动过程认为是稳定流动过程。进、排气门的喉口相当于一个流通面积随时间而变化的孔板，通过进、排气门处的气体流动按照一维等熵绝热过程处理，考虑流量系数并按准稳定流动进行计算，即

$$\frac{\mathrm{d}m}{\mathrm{d}t}=A_{\mathrm{eff}}\cdot p_{\mathrm{ol}}\cdot\sqrt{\frac{2}{R\cdot T_{\mathrm{ol}}}}\cdot\psi \tag{3-19}$$

式中，$\frac{\mathrm{d}m}{\mathrm{d}t}$为质量流率（kg/s）；$A_{\mathrm{eff}}$为有效流动面积（$m^2$）；$p_{\mathrm{ol}}$为上流的临界压力（kPa）；$T_{\mathrm{ol}}$为上流的临界温度（K）；$\psi$为流函数。

进气门处的流动均为亚音速流动，排气门处的流动可根据排气门前、后工质的压差，分为排气初期的超临界流动和其后的亚临界流动。

设$p_1>p_2$，则气体以p_1、T_1状态流经节流截面后，其状态变为p_2、T_2。在超临界$\left[\frac{p_2}{p_1}\leqslant\left(\frac{2}{K+1}\right)^{\frac{K}{K+1}}\right]$排气期有

$$\psi=\psi_{\max}=\left(\frac{2}{K+1}\right)^{\frac{1}{K-1}}\cdot\sqrt{\frac{K}{K+1}} \tag{3-20}$$

在亚临界$\left[\frac{p_2}{p_1}\leqslant\left(\frac{2}{K+1}\right)^{\frac{K}{K+1}}\right]$排气期有

$$\psi=\sqrt{\frac{K}{K-1}\left[\left(\frac{p_2}{p_{\mathrm{ol}}}\right)^{\frac{2}{K}}-\left(\frac{p_2}{p_{\mathrm{ol}}}\right)^{\frac{K+1}{K}}\right]} \tag{3-21}$$

式中，p_2为下流的静压（kPa）；K为气体的绝热指数。

在气门的结构参数确定后，由于进、排气门的流通面积随着凸轮升程的变化而变化，故而需要柴油机凸轮升程随曲轴变化的关系曲线。

实际的有效流通面积A_{eff}由试验测得的气门流量系数C_{D}计算，即

$$A_{\mathrm{eff}}=C_{\mathrm{D}}\cdot\frac{\pi\cdot d_{\mathrm{V}i}}{4} \tag{3-22}$$

式中，$d_{\mathrm{V}i}$为气门座圈直径。

柴油机的实际流量与理论流量存在一定差异，二者的差异被归结到流量系数μ中，μ值主要取决于气门升程，其函数表达式为

$$\mu=f(h_{\mathrm{v}}(\varphi)) \tag{3-23}$$

式中，$h_{\mathrm{v}}(\varphi)$为气门升程。

由于结构不同的柴油机的流量系数差别很大，μ值通常由试验确定。用实物或模型的静吹风试验测得瞬时μ值，并以此值作为已知数据输入进行计算。上述试验表明，流量系数实际与压比无关。因此，可以用

气门升程（或升程与气门直径之比）作为参变量来描述流量系数。

5）涡轮增压数学模型

涡轮增压器主要由涡轮和压气机组成，在建立模型时需要以下列假设条件为前提[37-38]，具体如下：

（1）在每个工作循环中，涡轮的输出功等于压气机的消耗功。

（2）流过涡轮的燃气流量等于流过压气机的空气流量与燃料流量之和。

（3）压气机和涡轮的转速相等，并且在一个循环内保持不变。

涡轮增压系统计算模型的建立是在已知涡轮和压气机特性的基础上开展的。涡轮和压气机出口处的气体温度用气体经过涡轮和压气机的焓变来计算[56]，即

压气机：

$$h_{\mathrm{out}} = h_{\mathrm{in}} + \Delta h_{\mathrm{s}} \frac{1}{\eta_{\mathrm{s}}} \tag{3-24}$$

$$P = \dot{m}(h_{\mathrm{in}} - h_{\mathrm{out}}) \tag{3-25}$$

$$\Delta h_{\mathrm{s}} = c_p T_{\mathrm{tot},in} \left(\mathrm{PR}^{\frac{\gamma-1}{\gamma}} - 1 \right) \tag{3-26}$$

涡轮：

$$h_{\mathrm{out}} = h_{\mathrm{in}} - \Delta h_{\mathrm{s}} \eta_{\mathrm{s}} \tag{3-27}$$

$$P = \dot{m}(h_{\mathrm{in}} - h_{\mathrm{out}}) \tag{3-28}$$

$$\Delta h_{\mathrm{s}} = c_p T_{\mathrm{tot,in}} \left(1 - \mathrm{PR}^{\frac{1-\gamma}{\gamma}} \right) \tag{3-29}$$

$$T_{\mathrm{tot,in}} = T_{\mathrm{in}} + \frac{u_{\mathrm{in}}^2}{2c_p} \tag{3-30}$$

式中，h_{in} 为进口焓；h_{out} 为出口焓；Δh_{s} 为等熵焓变，对于压气机为绝热焓增加，对于涡轮机为绝热焓降；η_{s} 为压气机和涡轮效率；P 为功率；$\dot{m}$ 为质量流量；PR 为气体经过涡轮或压气机后的膨胀比或压比；c_p 为空气或燃气的定压比热容；γ 为空气或燃气的热容比；$T_{\mathrm{tot,in}}$ 为进口流体滞止温度；T_{in} 为进口流体温度；u_{in} 为进口流体速度。

3.1.2　传动系统

随着传动系统技术的发展，综合传动系统、混合动力系统、纯电驱系统等各种形式的传动系统已经或即将装备在装甲车辆上，使得传动系统的产热部件呈现两个特点。

（1）热源部件多样化。传统动力舱的热源部件主要包括发动机和机械液力传动装置，而随着新型传动系统的出现，热源部件除发动机外，还包括发电机、牵引电机和电机控制器等。

（2）热管理目标多样化。传统的动力舱热管理目标是将发动机及其传动装置的温度维持在适当的范围内，两者的温度范围比较接近，管理目标比较单一，而新型传动系统热源部件的工作温度范围则各不相同。根据设计要求，发电机和电动机的工作温度都在100℃左右，整流器和电机控制器的工作温度则不大于60℃，其工作温度范围远远低于发动机的工作温度范围，需要单独进行管理和控制。

因此，对于传动系统的众多热源部件需要进行深入分析，掌握其热特性。下面以典型的串联式混动传动系统为例进行介绍。

1. 电机

电机由定子和转子组成。电机产生热量的多少取决于它的功率与效率。如图3-2所示，永磁电机内部的热源有转子损耗、定子损耗、风摩损耗与杂项损耗4项。电机运行时，转子损耗一部分通过电机轴传给壳体，另一部分通过空气传给定子和壳体；由定子铁耗和定子铜耗构成的定子损耗的大部分传给壳体，少部分传给空气；风摩损耗的大部分通过空气传给定子后再传给壳体，只有很少的部分通过空气直接传给壳体；杂项损失一部分传给定子，另一部分传给转子。传动系统中的电机功率密度大，导致热流密度大，加之动力舱狭小且温度高，因此一般采用水冷方式进行冷却，如图3-2所示。

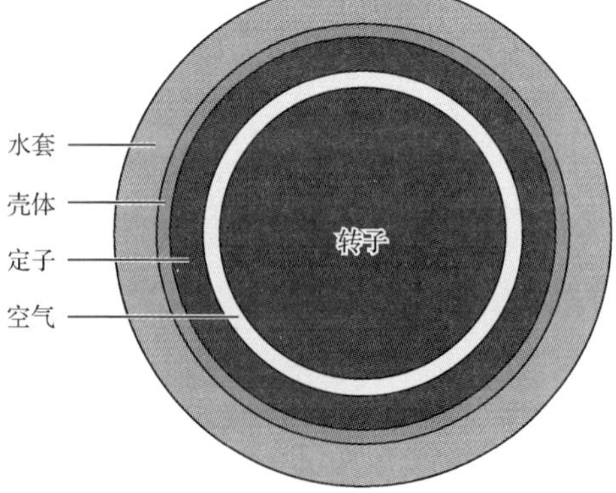

图3-2　永磁电机中部截面示意图

电机传热过程的数值建模方法有等效热路法、热网络法和有限元法等。其中，热网络法和有限元法能建立精度较高的模型，仿真时可提供更多局部温度分布情况，常用于电机研制过程中的热设计；等效热路法主要为电机使用者提供电机内部基本的热状况，以便进行电机冷却研究。等效热路法将电机内的热源假设为均质等温体进行研究，以电机定子为例，根据能量守恒定律可建立定子传热方程，即

$$Q_{st} = c_{st} m_{st} \frac{d\Delta T}{dt} + \alpha_{st} A_{st} \Delta T \tag{3-31}$$

式中，Q_{st} 是定子损耗（kW）；c_{st} 是定子比热容［kJ/（kg·℃）］；m_{st} 是定子质量（kg）；ΔT 是定子温升（℃）；A_{st} 是散热面积（m^2）；α_{st} 是表面散热系数［kW/（kg·℃）］。

起动电机时，若以恒定转速和负载运行，则定子损耗不变，忽略表面散热系数的变化，可得式（3-31）的解为

$$\Delta T = \Delta T_{\infty}(1 - e^{-\frac{t}{C}}) + \Delta T_0 e^{-\frac{t}{C}} \tag{3-32}$$

式中，ΔT_{∞} 是 t 为 ∞ 时物体的稳态温升（℃），$\Delta T_{\infty} = Q_{st}/(\alpha_{st} A_{st})$；$\Delta T_0$ 是 t 为 0 时物体的温升（℃）；C 是定子的发热时间常数。

电机的总散热量可通过以转速和转矩为基础的效率图获得，即

$$Q_m = P_m/\eta_m - P_m \tag{3-33}$$

式中，Q_m 是电机的总散热量（W）；P_m 是电机的功率（W）；η_m 是电机效率，与电机的转速和负载有关，准确的效率值可以通过电机的效率图给出，如图 3-3 所示的某型永磁电机的效率图[57]。

冷却液流经电机的冷却液腔体时吸热，温度升高。其吸热量 Q_d 与温升的关系可以表示为

$$Q_d = c_{pl} q_l (T_{lout} - T_{lin}) \tag{3-34}$$

式中，c_{pl} 是冷却液比热容［kJ/（kg·℃）］；q_l 是冷却液流量（kg/s）；T_{lin} 是冷却液进口温度（℃）；T_{lout} 是冷却液出口温度（℃）。

2. 发电机控制器

发电机控制器的热量主要来自整流管和晶闸管的功率损耗。整流管导通状态热量[58-59]为

$$Q_{rectifier\_cond} = \frac{1}{4}\pi^2 I_f^2 r_f + I_f V_{f0} \tag{3-35}$$

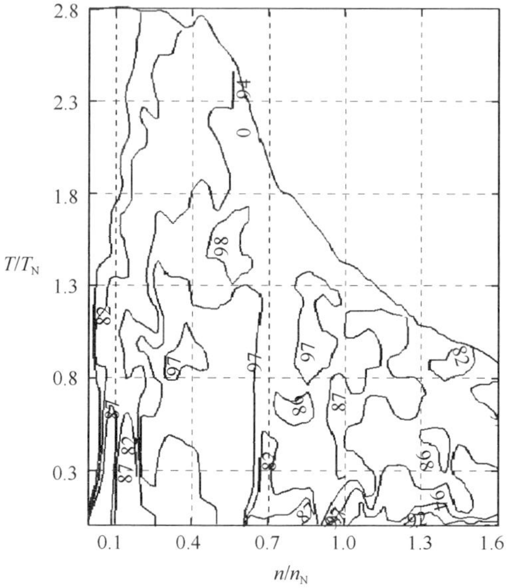

图 3-3　某型永磁电机的效率图

式中，r_f 是整流管导通等效电阻（Ω）；I_f 是整流管正向平均电流（A）；V_{f0} 是整流管门槛电压（V）。

晶闸管导通状态热量为

$$Q_{\text{thyristor\_cond}}=\frac{1}{4}\pi^2 I_t^2 r_t + I_t V_{t0} \tag{3-36}$$

式中，r_t 是晶体管导通等效电阻（Ω）；I_t 是晶体管正向平均电流（A）；V_{t0} 是晶体管门槛电压（V）。

3. 电动机控制器

电动机控制器的热量主要来自绝缘栅双极型晶体管（IGBT）模块和二极管工作时的功率损耗。假设逆变器的拓扑结构为三相桥式，输出正弦电流（$i_P = I_P \sin\omega t$），采用双极性正弦脉宽调制，则可按下列公式计算逆变器的散热量[60]。

（1）IGBT 模块的导通状态热量为

$$Q_{\text{IGBT\_cond}}=\left(\frac{1}{8}+\frac{M}{3\pi}\right)r_{ce}I_P^2+\left(\frac{1}{2\pi}+\frac{M}{8}\cos\theta\right)V_{CEO}I_P \tag{3-37}$$

式中，M 是幅值调制比；r_{ce} 是 IGBT 导通等效电阻（Ω）；I_p 是逆变器输出正弦波电流峰值（A）；V_{CEO} 是 IGBT 模块导通压降（V）；θ为相角。

（2）IGBT 模块的开关热量为

$$Q_{\mathrm{IGBT\_sw}}=\frac{1}{\pi}f_{\mathrm{sw}}(E_{\mathrm{on}}+E_{\mathrm{off}})\frac{I_{\mathrm{P}}}{I_{\mathrm{CN}}}\frac{V_{\mathrm{dc}}}{V_{\mathrm{CEN}}} \tag{3-38}$$

式中，f_{sw} 是开关频率（Hz）；E_{on} 是 IGBT 额定情况下的导通损耗（W）；E_{off} 是 IGBT 额定情况下的关断损耗（W）；I_{P} 是逆变器输出正弦波电流峰值（A）；I_{CN} 是二极管参考电流（A）；V_{dc} 是桥臂电压（V）；V_{CEN} 是参考电压（V）。

（3）二极管导通状态热量为

$$Q_{\mathrm{diode\_cond}}=\left(\frac{1}{8}-\frac{M}{3\pi}\right)r_{\mathrm{d}}I_{\mathrm{P}}^{2}+\left(\frac{1}{2\pi}-\frac{M}{8}\cos\theta\right)V_{\mathrm{FO}}I_{\mathrm{P}} \tag{3-39}$$

式中，M 是幅值调制比；r_{d} 是二极管导通等效电阻（Ω）；I_{p} 是逆变器输出正弦波电流峰值（A）；V_{FO} 是二极管导通压降（V）。

（4）二极管开关状态热量为

$$Q_{\mathrm{diode\_sw}}=\frac{1}{\pi}f_{\mathrm{sw}}E_{\mathrm{rec}}\left(0.45\frac{I_{\mathrm{P}}}{I_{\mathrm{CN}}}+0.55\right)\frac{V_{\mathrm{dc}}}{V_{\mathrm{CEN}}} \tag{3-40}$$

式中，f_{sw} 是开关频率（Hz）；E_{rec} 是二极管额定情况下的关断损耗（W）；I_{P} 是逆变器输出正弦波电流峰值（A）；I_{CN} 是二极管参考电流（A）；V_{dc} 是桥臂电压（V）；V_{CEN} 是二极管参考电压（V）。

在传动系统中，发电机和电动机控制器的散热热流密度大，因此采用冷板进行冷却。控制器的热量传到冷板后，由流经冷板内部的冷却液带走。

4. 电机控制器

电机控制器的传热数值模型同样可以采用等效热路法建立。建模时，将整流管和晶闸管等内部零部件视为均质等温体，其散热量 Q_{mc} 根据效率计算，即

$$Q_{\mathrm{mc}}=P_{\mathrm{mc}}/\eta_{\mathrm{mc}}-P_{\mathrm{mc}} \tag{3-41}$$

式中，P_{mc} 是控制器输出功率；η_{mc} 是控制器效率，一般为 96%～99%。

5. 传动油换热器

电传动机械结构采用传动油进行润滑与冷却。传动油流经机械结构时吸收热量，并在流经传动油换热器时将热量传给冷却液。在对传动系

统的冷却进行研究时，将传动油换热器视为热源。电传动机械结构的热量主要源于齿轮啮合摩擦功率损失，传动油换热器的油侧散热量根据效率计算。

传动油换热器换热片的温度变化与油侧和冷却液侧的传热量有关，即

$$\frac{\mathrm{d}T_{\mathrm{wall}}}{\mathrm{d}t}=\frac{Q_{\mathrm{M}}+Q_{\mathrm{S}}}{\rho Vc_p}=\frac{(hA\Delta T)_{\mathrm{M}}+(hA\Delta T)_{\mathrm{S}}}{\rho Vc_p} \tag{3-42}$$

式中，Q_{M}、Q_{S}分别为传动油、冷却液的换热量（J），放热为“+”，吸热为“-”；h是对流换热系数［W/（$\mathrm{m^2\cdot K}$）］；A是传热面积（$\mathrm{m^2}$）；ΔT是流体和管壁的温差（K）；ρ是换热片密度（$\mathrm{kg/m^3}$）；V是换热片体积（$\mathrm{m^3}$）；c_p是换热片的定压比热容［J/（kg·K）］。

通过 Nusselt 关联式计算流体与壁面的对流换热系数为

$$\begin{cases}\mathrm{Nu}=C\mathrm{Re}^m\mathrm{Pr}^{\frac{1}{3}}\\ \mathrm{Nu}=hL/k\\ \mathrm{Re}=\rho UL/\mu\\ \mathrm{Pr}=\mu c_p/k\end{cases} \tag{3-43}$$

式中，L为特征长度（m）；k为热传导率［W/（m·K）］；ρ为流体密度（$\mathrm{kg/m^3}$）；c_p为流体定压比热容［J/（kg·K）］；U为流体流速（m/s）；μ为流体的流动黏度（$\mathrm{N\cdot s/m^2}$）；C、m为常数，可由表 3-1 查得。

表 3-1　Nusselt 关联式中的常数

Re	C	m
40～400	0.683	0.466
4000～40 000	0.193	0.618
40 000～400 000	0.0266	0.805

3.2　散热部件特性

散热器和冷却风扇是装甲车辆热管理系统中的关键散热部件，其性能对热管理系统的整体性能具有不小的影响。

3.2.1　散热器

装甲车辆的散热器有多种形式，早期有管片式、管带式及翅片式等，如图 3-4 所示。随着装甲车辆动力舱的集成度越来越高，其对散热器性能的要求也越来越高，新型的双翅片式散热器开始应用到装甲车辆上，如图 3-5 所示。

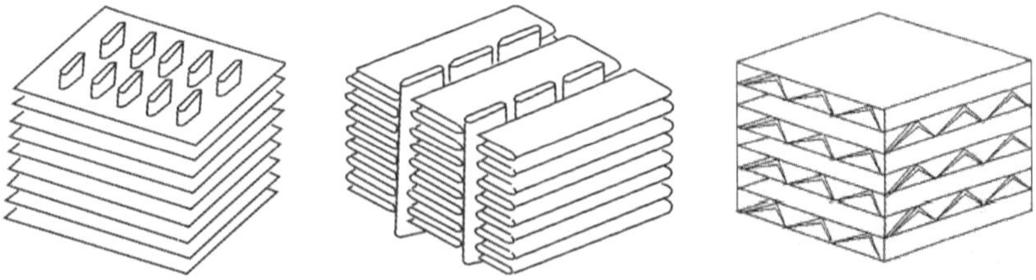

（a）管片式　　（b）管带式　　（c）翅片式

图 3-4　早期散热器的典型结构示意图

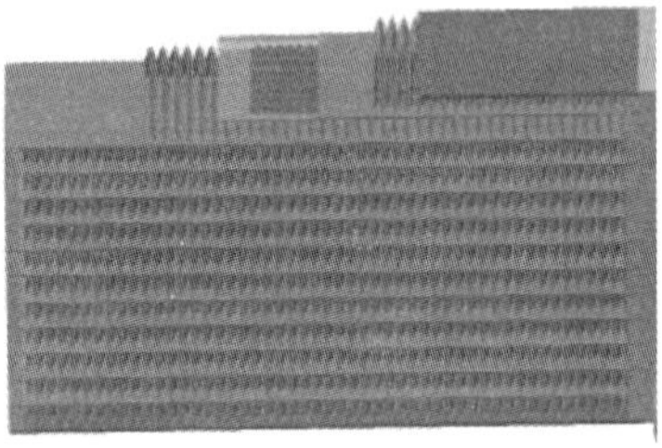

图 3-5　双翅片式散热器结构示意图

散热器的模拟计算过程可以通过散热片和两流体之间的热平衡来实现[45]：

$$\frac{\mathrm{d}T_{\mathrm{wall}}}{\mathrm{d}t}=\frac{Q_{\mathrm{M}}+Q_{\mathrm{S}}}{\rho V c_P}=\frac{(hA\Delta T)_{\mathrm{M}}+(hA\Delta T)_{\mathrm{S}}}{\rho V c_P} \tag{3-44}$$

式中，h 为对流换热系数［W/（$\mathrm{m}^2\cdot\mathrm{K}$）］；$A$ 为传热面积（m^2）；ΔT 为流体和管壁的温差（K）；ρ为散热片材料的密度（$\mathrm{kg/m}^3$）；V 为散热片材料的体积（m^3）；c_P 为散热片的定压比热容［J/（$\mathrm{kg}\cdot\mathrm{K}$）］。

流体和散热片之间的传热率可通过传热系数来表征，传热系数通过式（3-43）求得[45]。

3.2.2 冷却风扇

装甲车辆的冷却风扇也有多种形式。例如，根据其驱动方式可分为机械式和液压式两种；根据进出风流向可分为离心式、轴流式（见图 3-6）及混合式 3 种；根据进风形式可分为吸风式和吹风式两种。

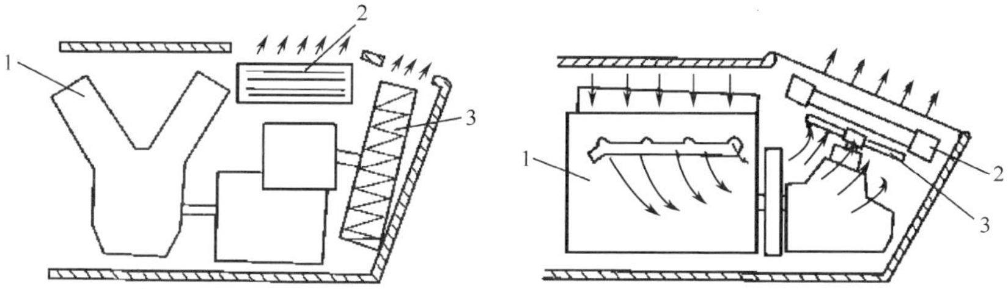

1—发动机；2—散热器；3—冷却风扇

图 3-6 不同形式的冷却风扇

冷却风扇的特性对热管理系统的影响较大，其决定了冷却风量的大小及与散热器的匹配等。冷却风扇的流量可以通过下式计算[61]：

$$\dot{V} = \dot{V}_o - a(PR - 1)^b \tag{3-45}$$

式中，$\dot{V}$ 为体积流量（m^3/s）；$\dot{V}_o$ 为最大（$\Delta p = 0$ 时）体积流量（m^3/s）；PR 为压比，即风扇出口压力与进口压力之比；a、b 为风扇特性常数。

上述参量计算如下：

$$\dot{V}_o = \dot{V}_r \frac{1}{1 - [(PR_r - 1)/(PR_o - 1)]^b} \tag{3-46}$$

$$a = \frac{\dot{V}_r}{(PR_o - 1)^b - (PR_r - 1)^b} \tag{3-47}$$

式中，$\dot{V}_r$ 为额定体积流量（m^3/s）；PR_r 为额定压比；PR_o 是最大体积流量时的压比。

图 3-7 所示为某型冷却风扇的流量与阻力特性图。

冷却风扇的功耗 P(kW)通过下式计算：

$$P = Q \cdot \Delta p / \eta \tag{3-48}$$

式中，Q 为风量（m^3/s）；Δp 为压差（kPa）；η 为风扇效率。

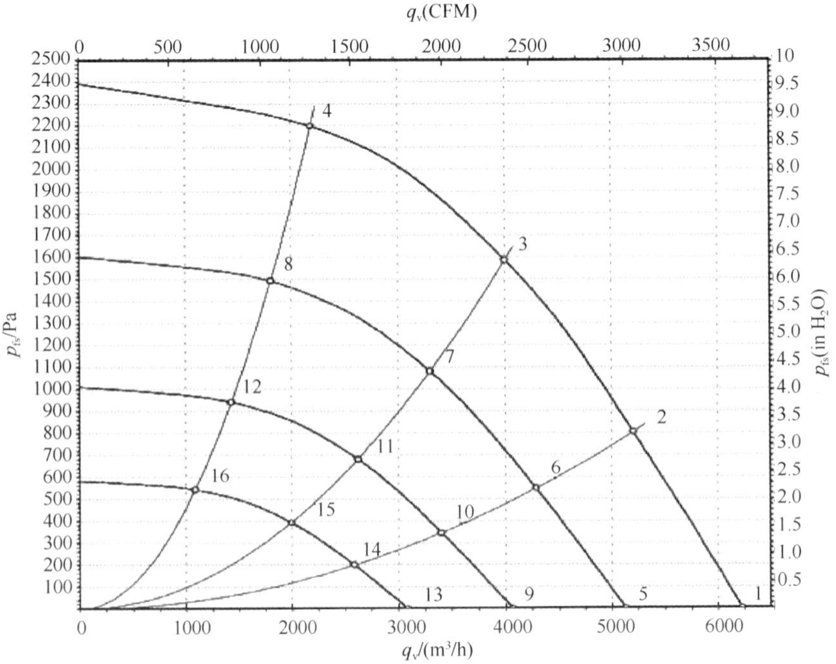

图 3-7　某型冷却风扇的流量与阻力特性图

3.3　部件特性分析实例

目前，我国装甲车辆均采用柴油机作为动力源，下面以柴油机作为实例，对其热特性及影响因素进行分析。

3.3.1　柴油机热特性的分析

基于柴油机数学模型，采用成熟软件，可以实现柴油机热特性的仿真分析。例如图 3-8 所示的基于一维仿真软件 GT-POWER 所搭建的某型柴油机与热管理系统实时耦合仿真模型，具体包括柴油机本体（两级涡轮增压及两级中冷）、气缸-缸盖水套模型及风道等。

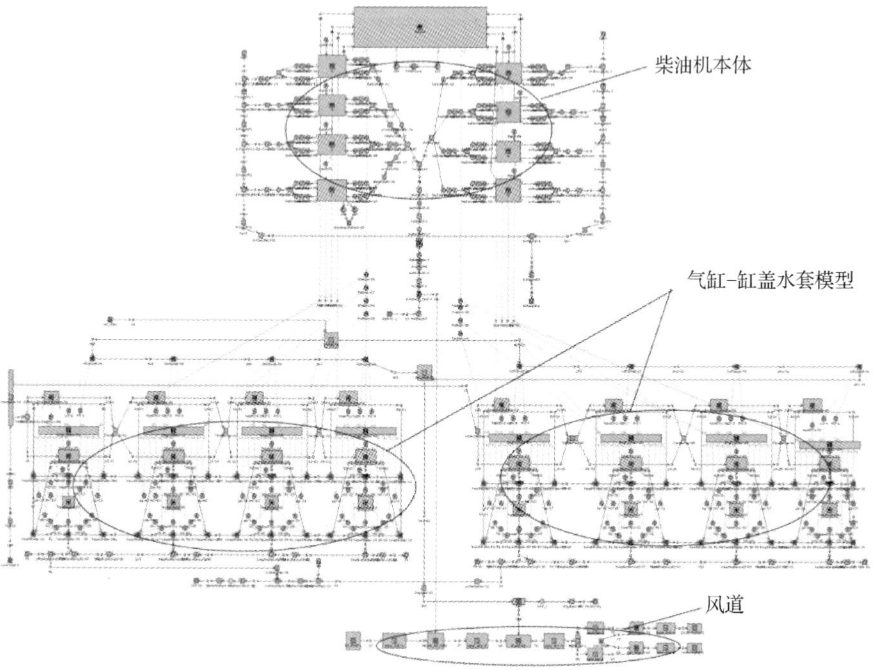

图 3-8 某型柴油机与热管理系统实时耦合仿真模型

在一定的环境温度和环境压力下，柴油机本体、一级中冷器、二级中冷器和机油冷却器的散热量 MAP 如图 3-9～图 3-12 所示。

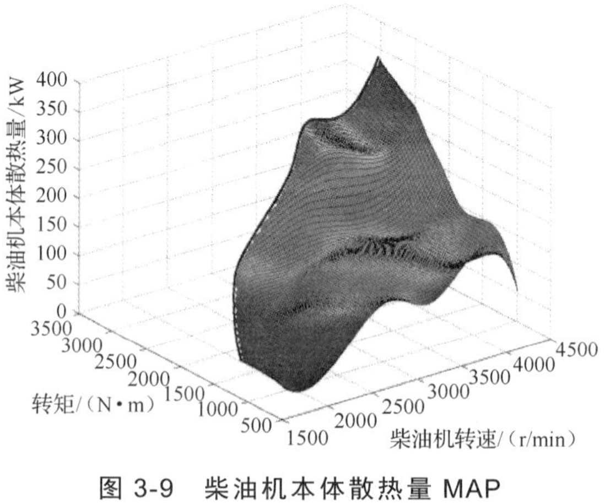

图 3-9 柴油机本体散热量 MAP

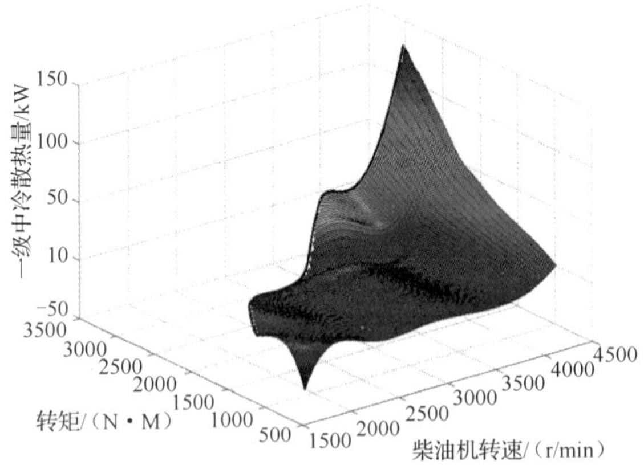

图 3-10　一级中冷器散热量 MAP

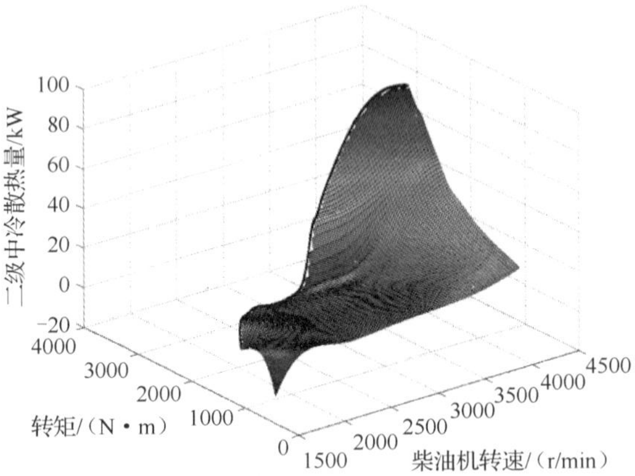

图 3-11　二级中冷器散热量 MAP

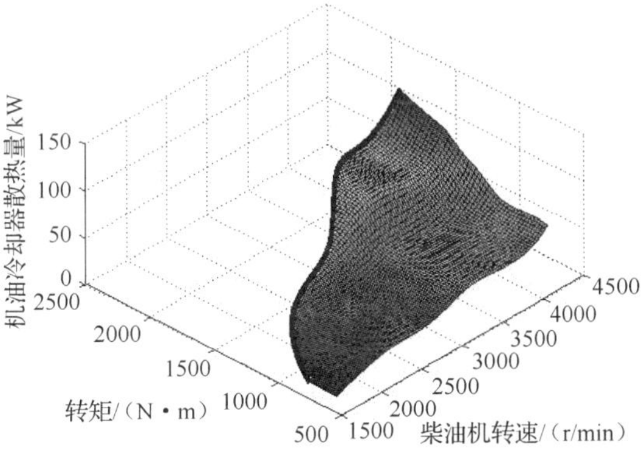

图 3-12　机油冷却器散热量 MAP

3.3.2 柴油机热特性的影响因素

影响柴油机热特性的因素有很多，结合仿真模型可以分析影响柴油机热特性的因素及其影响规律。

1）柴油机转速的影响

当输出功率相同时，随着柴油机转速的升高，气体在气缸内和进、排气歧管中的流动速度增加，表面传热系数随之增大，因此柴油机本体的传热量增大；而柴油机的转速升高，平均有效压力 P_e 会降低，气缸内的温度也变低，导致机体热负荷降低，传热量随之减少。后者通过影响气缸内温度间接影响本体传热量，前者的影响则更加直接、明显，因此柴油机本体散热量随转速的升高而增加。由于涡轮增压器设计工况点选择在额定转速附近，在相同功率下，转速越低，柴油机的运行越偏离外特性线，增压程度越低，一、二级中冷器的散热量减少，而柴油机本体的传热量增加，如图 3-13 所示。

2）柴油机转矩的影响

柴油机输出转矩越大，说明平均有效压力越高，循环供油量越大，燃烧的总热量也就越大，柴油机本体的传热量会随之增加。随着循环供油量的增加，进气量及增压比也会相应增大。但一级中冷器和二级中冷器的散热量随转矩变化的幅度不同，一级中冷器的散热量随转矩变化较剧烈，二级中冷器的散热量随转矩变化较平缓。

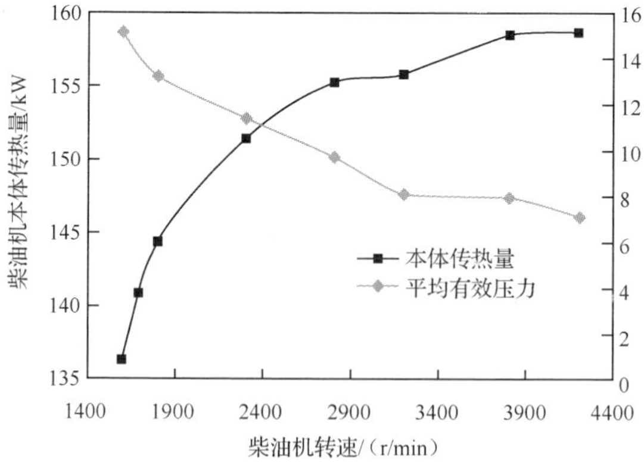

（a）柴油机本体的热特性

图 3-13　输出功率一定时柴油机热特性随转速变化关系（1bar=10^5Pa）

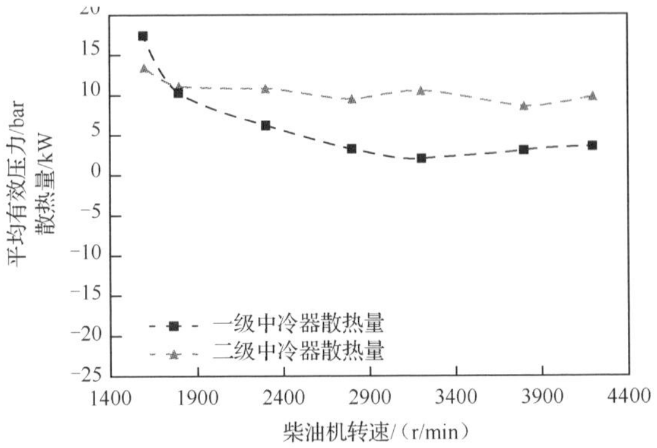

（b）一级中冷器和二级中冷器的热特性

图 3-13　输出功率一定时柴油机热特性随转速变化关系（续）（1bar=10^5Pa）

3）冷却温度的影响

分别在柴油机的 3 个工况点计算冷却温度对有效功率及本体传热量的影响。其中，工况 1 为最低稳定转速下的最大功率工况；工况 2 为最大转矩工况；工况 3 为额定工况。将柴油机本体出口处的冷却液温度分别设为 90℃、100℃、110℃、120℃、130℃，对应的柴油机本体传热量如图 3-14 所示。

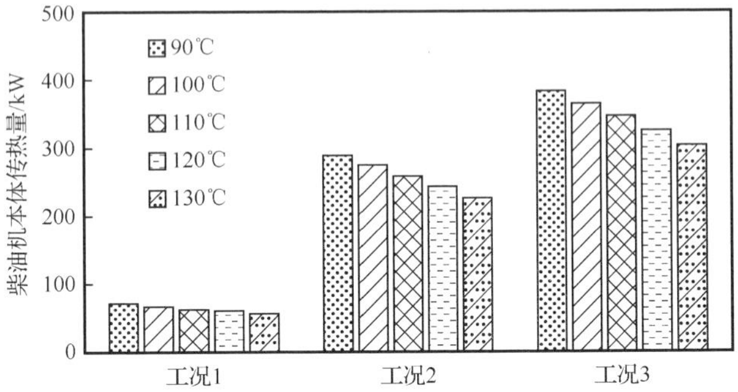

图 3-14　不同冷却液温度下的柴油机本体传热量

由图 3-14 可知，柴油机本体传热量随冷却液温度的升高而减少。以工况 3 为例，冷却液温度每提高 10℃，柴油机本体平均传热量减少 20.3kW，约占柴油机本体传热量的 6.8%，占燃烧总放热量的 0.67%。

如果将冷却液温度从 90℃提高到 125℃，柴油机本体传热量可减少约70kW。

4）环境温度的影响

随着进气温度的升高，空气密度降低，空气质量流量下降，如图 3-15所示。在转速和循环供油量不变的条件下，过量空气系数下降，导致气缸内燃烧不良，指示热效率下降；转化为有用功的能量减少，转化为废热的能量增加，导致气缸内温度增加，涡轮前排气温度增加，柴油机本体传热量增加，转矩和功率下降，如图 3-16 所示。

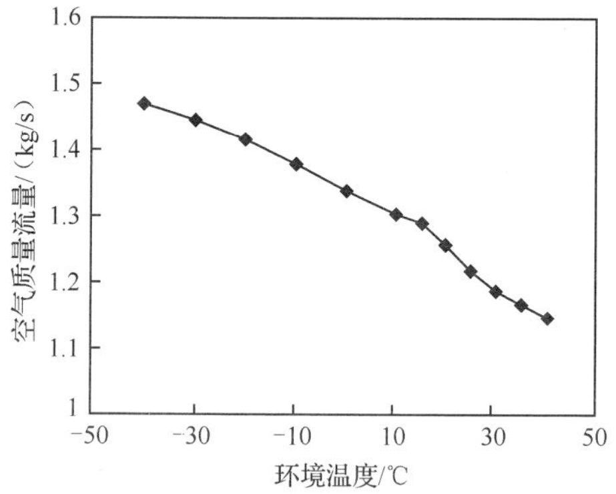

图 3-15　空气质量流量随环境温度的变化

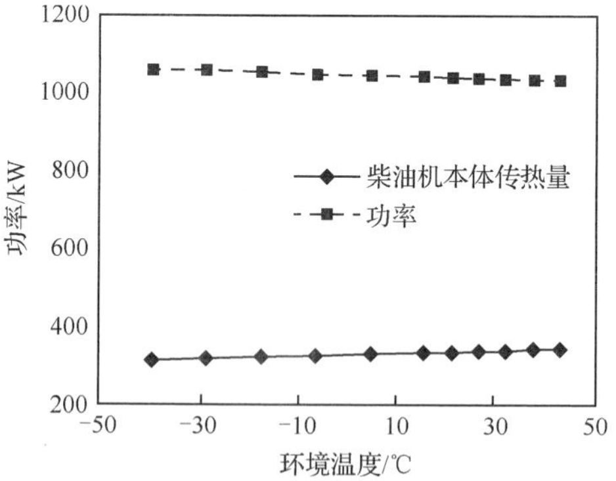

图 3-16　柴油机本体传热量随环境温度的变化

随着环境温度升高，气缸内的过量空气系数减小，排气温度增加，进入高压级涡轮做功的能力提升，高压级压气机的压比升高。因此，环境温度越高，高压级压比越高，导致一级中冷器入口处压缩空气的温度升高。对于一级中冷器，随着环境温度升高，一方面进气质量减少；另一方面进气温度升高，排气温度基本维持稳定。但是由于前者的影响占主要作用，两者的综合作用使一级中冷器的散热量减少。由于一级中冷器的作用，在不同环境温度时，二级中冷器的进气温度基本不变，而空气质量流量减小，故其散热量是明显减少的，如图 3-17 所示。环境温度从-42℃升至 35℃，二级中冷器散热量相差近 10kW。

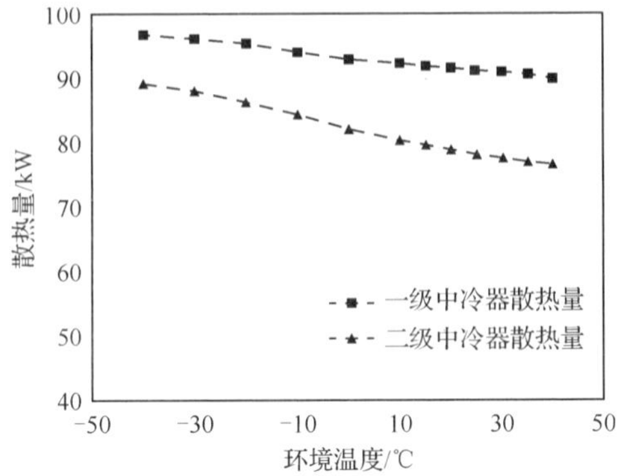

图 3-17　一、二级中冷器散热量随环境温度的变化

5）环境压力的影响

柴油机在标定工况和最大转矩工况两种工况下的本体传热量随环境压力的变化关系可以参照图 3-18。

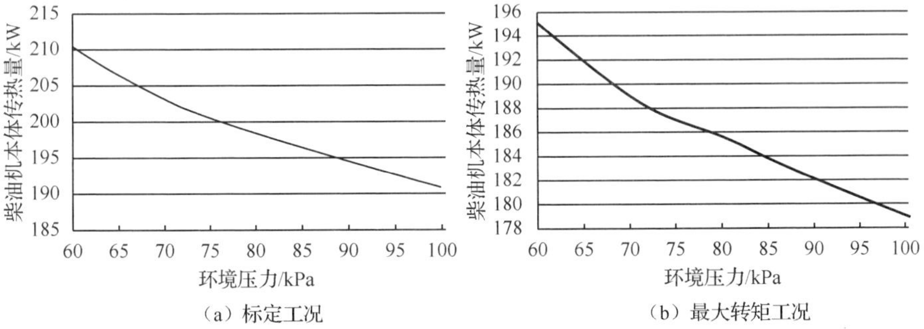

图 3-18　柴油机本体传热量随环境压力的变化

由图 3-18(a)可知，柴油机在标定工况下稳定运行时，压力从 60kPa 升到 100kPa 后，冷却介质从柴油机本体带走的热量减少 19.6kW；由图 3-18(b)可知，柴油机在最大转矩工况下稳定运行时，压力从 60kPa 升到 100kPa 后，冷却介质从柴油机本体带走的热量减少 14.2kW。综上所述，随着环境压力升高，冷却介质从柴油机本体带走的热量逐渐减少，主要是因为环境温度不变时，环境压力升高，进气密度增大，导致柴油机过量空气系数增大，在保持相同柴油机功率下，循环供油量减少，燃料的放热量也减少，从而使受热部件的温度降低，柴油机传给冷却介质的热量减少。因此，对于增压中冷柴油机而言，环境压力对冷却介质从柴油机本体带走的热量的影响更大，而环境温度的影响相对较小。

6）复合极限环境的影响

选择“高原+高寒”“高原+高温”“高温+高湿”“高温+沙漠”4 种复合极限环境，分析其对柴油机本体传热量的影响，见表 3-2。

表 3-2 复合极限环境对柴油机本体传热量的影响

复合极限环境	环境因素耦合	柴油机本体传热量/kW	柴油机本体传热量下降或增加百分比	对比环境
高原+高寒	海拔 4500m、低温-43℃、低气压 57.6kPa	238	+2.3%	与 0m、低温-43℃相比
高原+高温	海拔 4500m、高温+22.5℃、低气压 57.6kPa	234	+2.6%	与 0m、高温+46℃相比
高温+高湿	高温+46℃、高湿度 100%	232	-3%	与高温+46℃、0%湿度相比
高温+沙漠	高温+46℃、沙尘 2～4g/m^3	240	0	影响保养周期

第 4 章

冷却介质

冷却介质是保证车辆热管理系统正常工作必不可少的组成部分。冷却介质包括冷却液和冷却空气，冷却液在冷却水泵的推动下循环流动，带走产热部件在工作过程中产生的热量，避免其出现温度过高、热负荷增大、工作性能及可靠性下降等问题；冷却空气在冷却风扇的作用下流经散热器并与其对流换热，从而实现冷却液的降温。

目前，水是车辆热管理系统常用的一种冷却液，但在一些特殊的环境和地域，水已无法满足车辆的冷却传热要求，因此，一些新型冷却液开始受到关注，分析这些冷却液的特性及其在车辆上的应用特点，对于冷却液的研究具有重要的意义。当车辆进入高原、高寒、高湿等典型极限环境地域时，冷却空气的性质会发生较大变化，进而对车辆热管理系统产生影响，因此，研究冷却空气的特性参数及其对车辆热管理系统的影响也是很有必要的。

4.1 冷却液

4.1.1 冷却液的特性参数

1. 水

水因具有来源广、无毒、价廉、导热性良好、性能稳定等诸多优点，长期作为柴油机的冷却液使用。但是水也存在不足，如冰点高，低于 0 ℃时就会结冰。冬季在严寒地区，车辆在野外停放的地面温度有时会降至−40℃以下。要想保证水箱及冷却系统的管路不被冻裂，防冻液应保证不结冰或凝固，以免发生体积膨胀，并保证车辆可以随时起动。水的沸点低，当柴油机处于苛刻条件下行驶时，尤其是在炎热的夏季，会造成水温升高，甚至沸腾，影响车辆正常行驶。因此，水作为冷却液使用，是有相当严格的地域和季节限制的。

2. 乙二醇

乙二醇是一种无色微黏的液体，具有传热性能好、防冻、防腐蚀、防垢、防穴蚀等一系列优点。乙二醇的沸点为 197.4℃，冰点为−11.5℃，能与水进行任意比例的混合，二者混合后可改变冷却液的蒸气压，冰点显著降低，冰点降低的程度在一定范围内随乙二醇含量的增加而降低。通常是将乙二醇加入水中，配制体积分数均为 50%的水和乙二醇的混合液。当乙二醇的体积分数为 68%时，冰点可降至−68℃；当乙二醇的体积分数超过 68%时，冰点反而上升[62-63]。

乙二醇也存在一定的不足。例如，乙二醇的沸点不高，需要采取相关措施使冷却系统中的压强增大；乙二醇易于挥发，具有强烈的毒性，不易更换和维护，在冷却液温度升高后容易分解成酸性的化学物质，对冷却系统中的零部件产生腐蚀作用。由于乙二醇是一种毒性大且难以生物降解的化合物，在瑞士联邦毒物法中被评定为 4 类有毒化合物，因此乙二醇型防冻液（可作为冷却液）带来的环保问题也逐渐受到关注。英国和瑞士在 1972 年就禁止在超市、汽车配件商店出售乙二醇型防冻液。

3. 丙二醇

无水丙二醇防冻液（NPG+）的冰点为−68℃，沸点为 191℃，比传统防冻液的沸点高 80℃，比纯水的沸点高 90℃。当柴油机水箱盖的压力为 100kPa，冷却水泵处的压力为 70kPa 时，NPG+的沸点为 210℃，比传统防冻液的沸点高 82℃，比纯水的沸点高 95℃[62-63]。

对丙二醇的物理特性进行分析，其比热容、动力黏度、密度和导热系数等随温度变化的规律如图 4-1～图 4-4 所示。由图 4-1～图 4-4 可知，丙二醇的比热容随温度的升高而逐渐增大，动力黏度、密度和导热系数随温度的升高而逐渐减小。

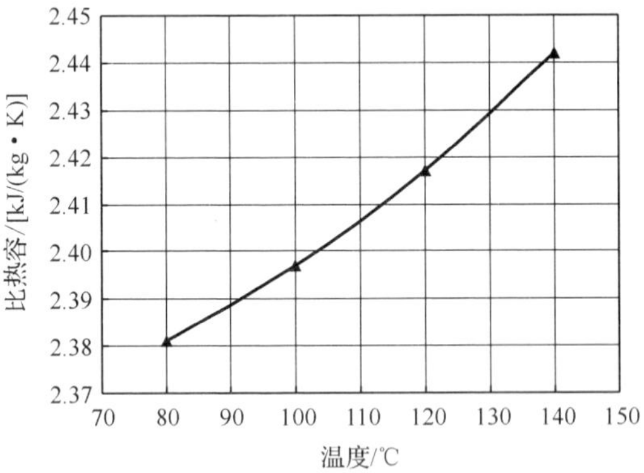

图 4-1　丙二醇比热容随温度变化的规律

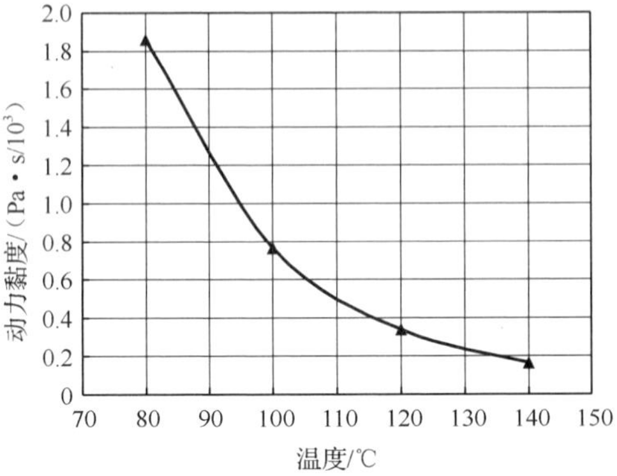

图 4-2　丙二醇动力黏度随温度变化的规律

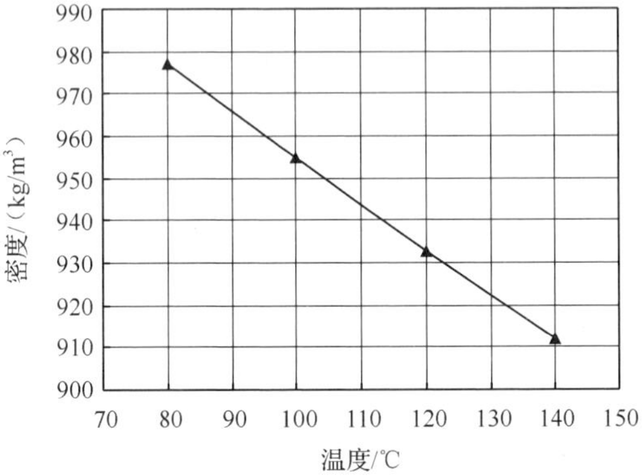

图 4-3　丙二醇密度随温度变化的规律

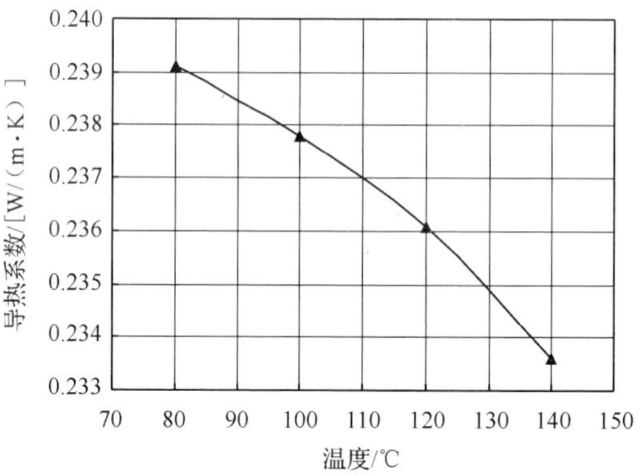

图 4-4　丙二醇导热系数随温度变化的规律

4．对比分析

1）腐蚀性

在防冻液[①]中，乙二醇或丙二醇的缺点是容易氧化并生成酸性物质，腐蚀冷却系统的金属部件，因此防冻液必须添加缓蚀剂才能使用。每种优质的防冻液都有一组优良且持久的缓蚀剂，对各种金属有抑制腐蚀的作用。柴油机冷却系统含有 6 种金属材料，分别是铸铁、铸铝、钢、紫铜、黄铜及水箱焊缝中的焊锡。早期的柴油机冷却系统材质以黄铜、铸铁为主。随着柴油机设计向高效、重量轻、易维修等方向发展，铝合金的使用越来越广泛。表 4-1 列出了不同冷却液对柴油机腐蚀的试验对比，表 4-2 列出了 NPG+对金属试块腐蚀试验的结果。

表 4-1　不同冷却液对柴油机腐蚀的试验对比

冷　却　液	腐 蚀 对 比
纯水	100%
乙二醇防冻液	80%
NPG+	16%

① 由乙二醇和丙二醇制成的防冻液，通常可作为冷却液使用。

表 4-2　NPG+对金属试块腐蚀试验的结果

金属试块	试块腐蚀量/mg				行业标准/mg
	1 号	2 号	3 号	平均	
铜	1	1	1	1	10
焊锡	7	3	5	5	30
黄铜	5	6	7	6	10
钢	2	1	1	1	10
铸铁	0	2	0	1	10
铝	0	0	0	0	30

2）气蚀性

除抑制对金属的腐蚀外，抗气蚀性也是防冻液的关键技术问题。气蚀是指流体在高速流动和压力变化条件下，因为压力波动而使流体中的气泡崩溃，导致金属表面发生洞穴状腐蚀的现象。发动机冷却系统中的气蚀主要发生在两处：一处是气缸体的外部，即气缸套与防冻液的接触面；另一处是循环水泵本体。气蚀严重时，气缸套会被穿透，导致防冻液渗入燃烧室，这种情况在大功率柴油机上尤为突出。只有添加优质缓蚀剂的防冻液才能具有良好的防气蚀能力，延长柴油机的使用寿命。

无水丙二醇防冻液在不使用亚磷酸盐的情况下，仍有足够的抗气蚀能力，具备重负荷冷却液的性能特征，是一种名副其实的全寿命周期防沸、防冻、环保型防冻液。美国防冻液标准对用于调制防冻液的乙二醇和丙二醇有一定的质量要求，二者须符合 ASTM E1177-06《发动机冷却液级乙二醇的标准规范》和 ASTM D5223-98《发动机冷却剂级丙二醇的标准规范》。

3）其他物性参数

由水、乙二醇、丙二醇等不同成分组成的冷却介质的物性参数[64]见表 4-3。

表 4-3　不同冷却介质的物性参数

性质	-45 号冷却液	130 号冷却液	纳米流体	无水丙二醇	水
成分简介	基液：水+乙二醇	基液：水+乙二醇+丙二醇	基液：水+乙二醇 纳米材料：复合氧化物	基液：丙二醇	水
	其他成分为癸二酸（防腐剂），并含有少量的消泡剂				

续表

性质	-45 号冷却液	130 号冷却液	纳米流体	无水丙二醇	水
密度/ （kg/m^3）（20℃）	1081	1093	1103	1036	1000
冰点/℃	-47	<-65	<-65	-59	0
沸点/℃	109.0	131.0	131.0	188	100
含水量（%）	40	13	13	0	100
运动黏度/ （m^2/s）（20℃）	4.85	14.1	14.4	56	1.009
比热容/ [kJ/（kg·K）]	3.236	2.62（20℃） 3.31（100℃）	2.55（20℃） 3.33（100℃）	2.49	4.18
导热系数/ [W/（m·K）]	0.356（20℃） 0.390（100℃）	0.266（20℃） 0.278（100℃）	0.272（20℃） 0.286（100℃）	0.186（20℃） 0.193（100℃）	0.58
腐蚀性	无				
毒性［半数致死量/ （mg/kg）］	7800	68 000	6800	28 000～ 30 000	无
易燃性： 闪点/℃	无 在成分不变的情况下，蒸气不可燃			110	无
废液处理方法	可直接处理				

4.1.2 冷却液的应用分析

1. 对柴油机性能的影响

研究冷却液对柴油机性能的影响可以采用图 3-8 中的柴油机与热管理系统实时耦合仿真模型进行分析。

1）标定工况下的对比分析

分别采用水、-45 号冷却液、纳米流体、130 号冷却液和无水丙二醇作为冷却介质，对柴油机标定工况下的工作过程进行仿真计算。缸内最高爆发压力、缸内最高温度的对比分别如图 4-5 和 4-6 所示。由这两个图可知，使用水作为冷却介质时，缸内最高爆发压力最低，使用 130 号冷却液时的缸内最高温度最低，而采用无水丙二醇作为冷却介质时的缸内最高爆发压力和缸内最高温度均为最高。

如图 4-7 所示，当冷却液温度为 95℃，采用无水丙二醇作为冷却介质时，火力面温度显著升高，局部可达 423℃以上；当冷却液温度升至 120℃后，气缸盖火力面温度进一步升高，局部可达 452.1℃。

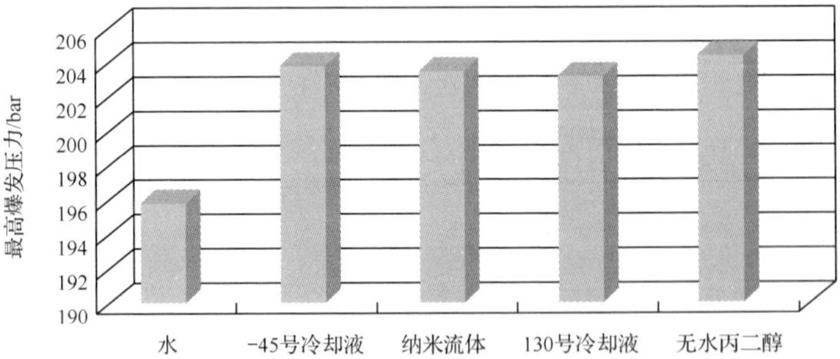

（a）冷却液温度95℃

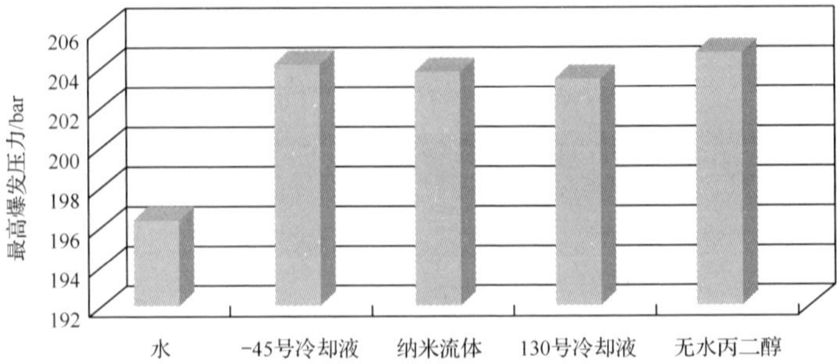

（b）冷却液温度120℃

图 4-5　缸内最高爆发压力的对比（$1bar=10^5Pa$）

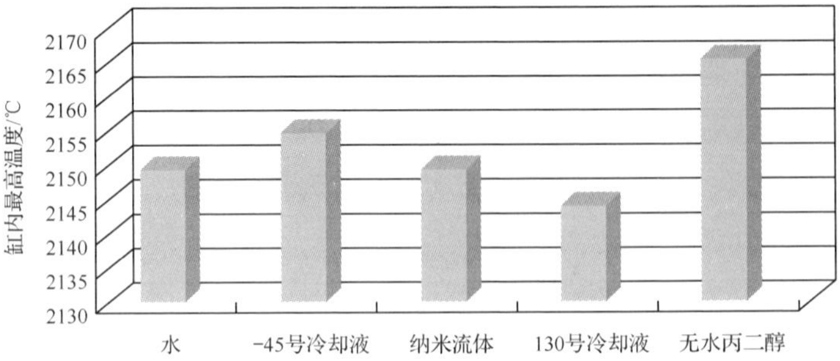

（a）冷却液温度95℃

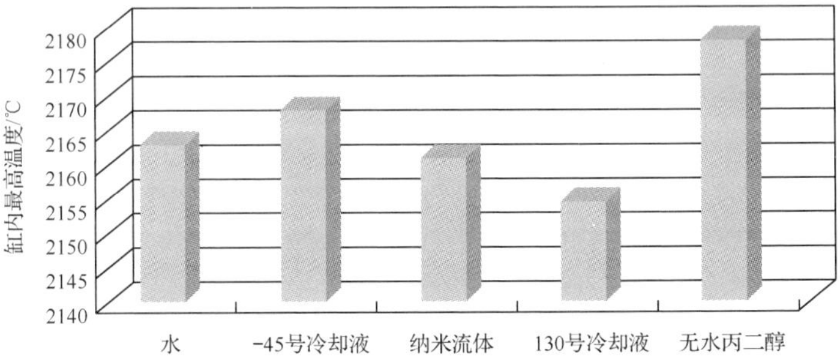

（b）冷却液温度120℃

图 4-6　缸内最高温度的对比

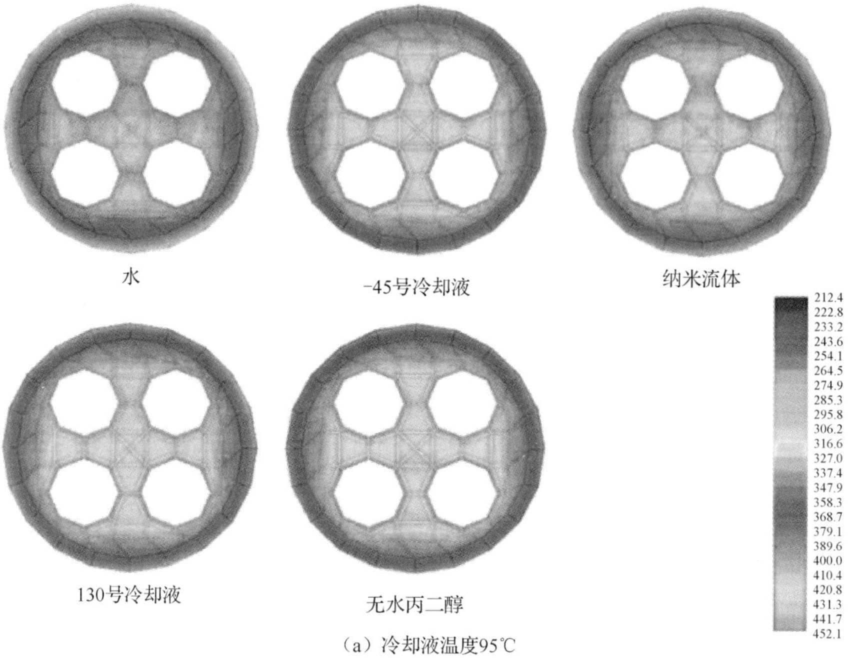

（a）冷却液温度95℃

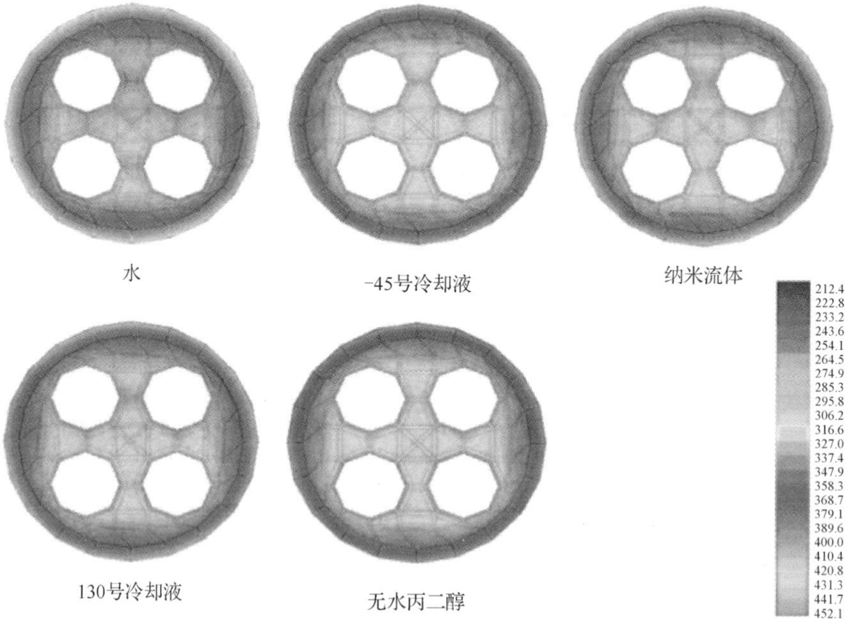

（b）冷却液温度120℃

图 4-7 火力面温度云图

2）负荷特性下的对比分析

在环境温度、环境压力一定的条件下，柴油机在额定转速时的负荷特性计算结果如图 4-8 和图 4-9 所示。由这两个图可知，在负荷特性下，使用水作为冷却介质时的有用功最大，但整体差别不大。采用水作为冷却介质时的柴油机本体传热量最多，而采用无水丙二醇时的为最少。

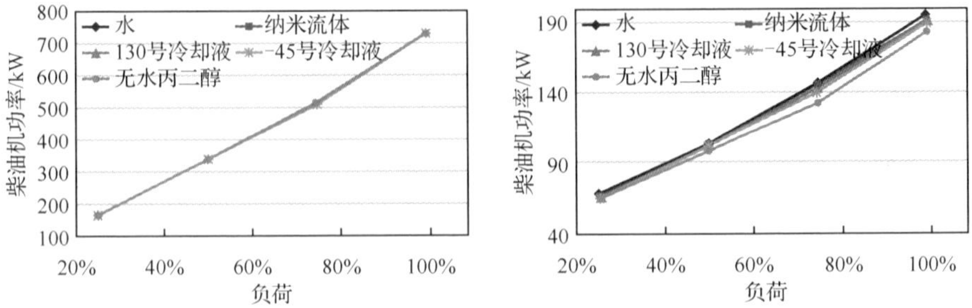

（a）有用功　（b）柴油机本体传热量

图 4-8　柴油机在额定转速时的负荷特性计算（冷却液温度 95℃）

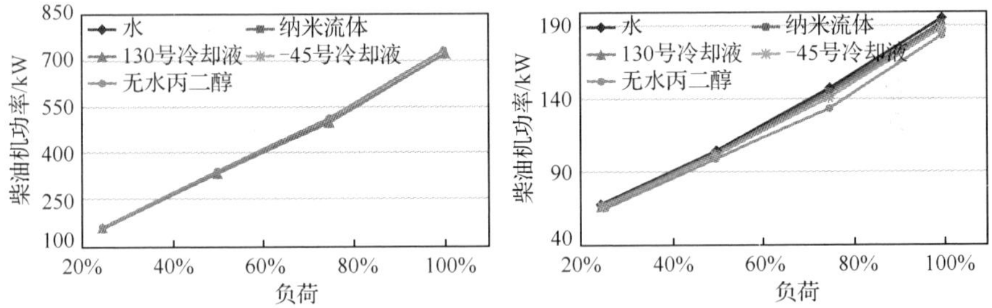

（a）有用功　（b）柴油机本体传热量

图 4-9　柴油机在额定转速时的负荷特性计算（冷却液温度 120℃）

2. 对热管理系统功耗的影响

同样计算负荷特性，仍使用上述两种冷却条件（冷却液温度为 95℃和 120℃），热管理系统冷却风量需求如图 4-10 所示。采用常规冷却时，使用无水丙二醇所需的冷却空气流量最高；冷却液温度升高后，冷却空气流量均大幅度降低。

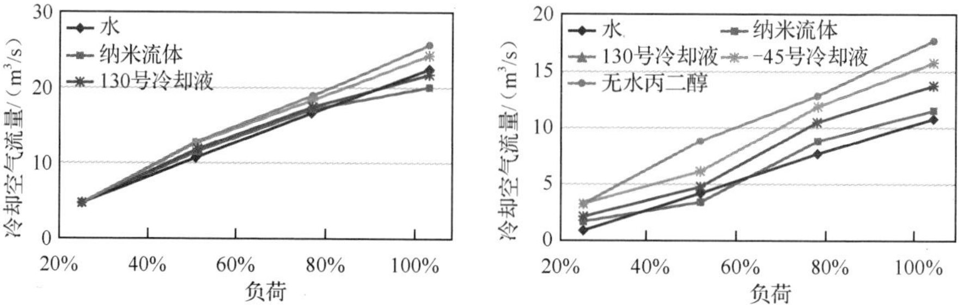

（a）冷却液温度95℃　　（b）冷却液温度120℃

图 4-10　热管理系统冷却风量需求

4.2　冷却空气

4.2.1　冷却空气的特性参数

冷却空气的性质随气压（海拔高度）、气温、湿度的变化而变化。对于热管理系统而言，冷却空气的主要作用是和散热器进行热量交换，通过散热器将冷却液的热量带走。根据式（3-43）可知，空气密度、运动黏度及比热容等特性参数都会对冷却空气与散热器之间的换热特性产生影响。在我国地域范围内，气压、气温及湿度等大气环境条件的变化对冷却空气密度参数的影响最大，并有文献涉及相关研究。

文献[65]中的研究得出，在标准大气压下，干燥空气在各温度下的密度可由下式进行计算：

$$\rho = \frac{1.2932}{1+0.00367t} \tag{4-1}$$

式中，ρ 为空气密度（kg/m^3）；t 为温度（℃）。

该文献还通过公式推导出标准大气压下，不同温度和湿度所对应的含水空气密度，见表 4-4。

表 4-4　标准大气压下不同的含水空气密度

单位：kg/m^3

温度/℃	相 对 湿 度						
	0	50%	70%	80%	85%	95%	100%
0	1.293	1.289	1.288	1.286	1.286	1.286	1.285
5	1.270	1.265	1.262	1.261	1.261	1.261	1.259

续表

温度/℃	相对湿度						
	0	50%	70%	80%	85%	95%	100%
10	1.247	1.240	1.237	1.236	1.235	1.234	1.233
15	1.226	1.216	1.212	1.209	1.208	1.206	1.205
20	1.205	1.193	1.188	1.186	1.184	1.182	1.178
25	1.185	1.167	1.160	1.156	1.154	1.151	1.148
30	1.165	1.142	1.132	1.128	1.125	1.119	1.117
35	1.146	1.115	1.102	1.096	1.093	1.088	1.084
40	1.128	1.088	1.073	1.065	1.061	1.054	1.050

该文献还通过一定的条件假设，推导出不同海拔高度下，含水空气密度可能出现的 4 种情况（极端最大、常态最大、常态最小、极端最小），见表 4-5。

表 4-5　不同海拔高度下可能出现的含水空气密度

单位：kg/m^3

海拔高度/km	状态分类			
	极端最大	常态最大	常态最小	极端最小
0	1.318	1.212	1.131	1.029
1	1.169	1.075	1.003	0.913
2	1.034	0.951	0.887	0.807
3	0.912	0.839	0.782	0.712
4	0.802	0.737	0.688	0.626
5	0.702	0.646	0.603	0.548

由表 4-4 和表 4-5 可知，温度和海拔高度对含水空气密度的影响较大，而相对湿度的影响相对较小。

4.2.2　冷却空气对热管理系统的影响

冷却空气对热管理系统的影响主要体现在其与散热器的热传递上，因此，本节分析了大气压力（海拔高度）、环境温度、湿度、流速等参数变化对散热器散热性能的影响。

1）大气压力的影响

图 4-11 所示为散热器的散热量和换热系数随海拔高度变化的规律。当海拔高度由 0m 升至 5000m 时，散热量下降幅度约为 32.9%，换热系数下降幅度约为 23.6%；海拔高度每升高 1000m，换热系数下降幅度约为 4.7%，散热量下降幅度约 6.6%。其主要原因是随着海拔高度升高，空气密度逐渐降低，风速、空气密度与雷诺数呈正比关系，导致散热器的换热系数随雷诺数的减小而逐渐降低，致使散热器在高原的散热能力显著下降。

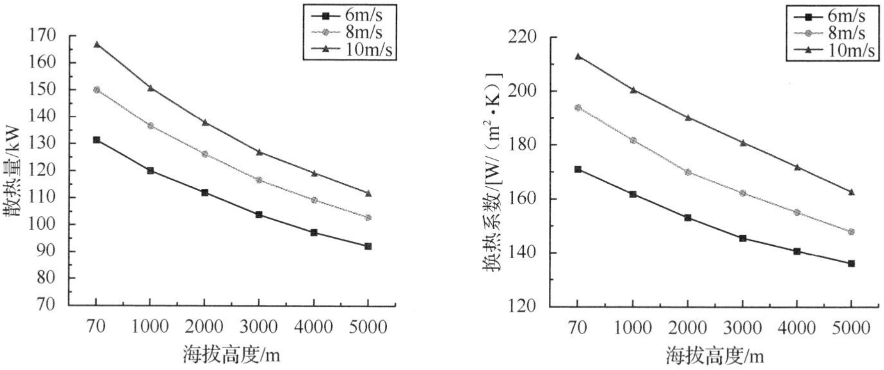

图 4-11　散热器的散热量和换热系数随海拔高度变化的规律

2）环境温度的影响

图 4-12 所示为散热器的散热量和换热系数随环境温度变化的规律。环境温度越高，其与冷却液的温差越小，导致二者之间的换热系数降低，相同流速时，散热能力减弱。当海拔高度为 0m 时，环境温度由 273K 升至 323K，散热器的散热量下降幅度约为 46.1%，换热系数下降幅度约为 4.8%。

当海拔高度升至 4500m 时，气压降低，空气密度减小，影响了气体雷诺数，导致散热器的换热系数和散热量与海拔高度为 0m 时相比呈下降趋势。

3）环境湿度的影响

当环境温度为 25℃时，在不同环境湿度（相对湿度）条件下，空气流速分别为 6m/s、8m/s、10m/s 时的散热器散热量、换热系数的变化规律如图 4-13 所示。

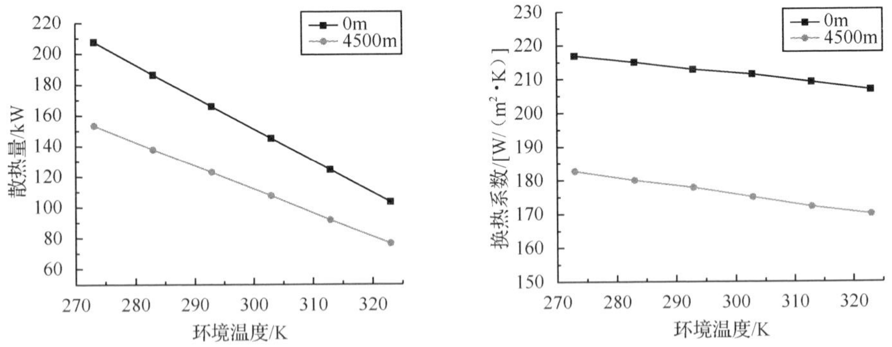

图 4-12 散热器的散热量和换热系数随环境温度变化的规律

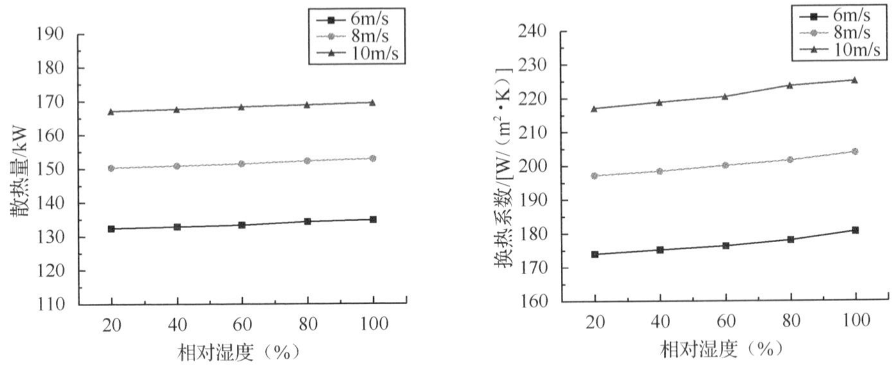

图 4-13 散热器的散热量和换热系数随环境湿度变化的规律

由图 4-13 可知，散热量及换热系数随相对湿度的增加而增加，但增加幅度较小。在风速为 8m/s，相对湿度由 20%升至 100%时，换热系数提高约 3.6%，散热量增加约 1.5%。其原因是虽然空气中的水蒸气含量增加，使得湿空气的比热容相比干空气有所增加，并在散热器换热过程中带走了更多的热量，但在环境温度为 25℃的条件下，空气中水的绝对含量非常低，湿空气与干空气相比其物理特性未发生太大变化，导致环境湿度对散热器的散热影响程度较小。

4）沙尘环境的影响

我国高原、沙漠地区面积广阔、降水稀少、气候干燥，多大风沙尘天气，空气中的沙尘含量较高。例如青藏高原地区，全年平均 6 级以上大风天气就有 120 多天，空气含尘量高达 1000～3000mg/m^3。军用装甲车辆在该种条件下工作，不仅会受到自然环境中风沙的影响，还会受到自身行驶过程中诱发沙尘的影响。相关研究表明，某中型坦克单车以 3 挡行驶时，空气滤清器部位诱发沙尘浓度为 0.537g/m^3；当以 3 挡按 50m 车距进行多车纵队行军时，最大诱发沙尘浓度为 1.88g/m^3。装甲车辆在有风沙的环境中行进时，沙尘与冷却空气形成的气固两相流会影响散热器散热性能的发挥，进而对冷却系统的冷却传热产生重要影响。

图 4-14 所示为散热器换热系数随沙尘粒径和浓度的变化规律。由图可以看出，换热系数随沙尘粒径的增大而减小，随沙尘浓度的升高而略有上升，机理上是由于沙尘粒径的增大或浓度的降低，导致单位时间内与换热面接触并产生碰撞的颗粒数量减少，削弱了对换热面边界层的破坏效果，进而降低了散热效果。

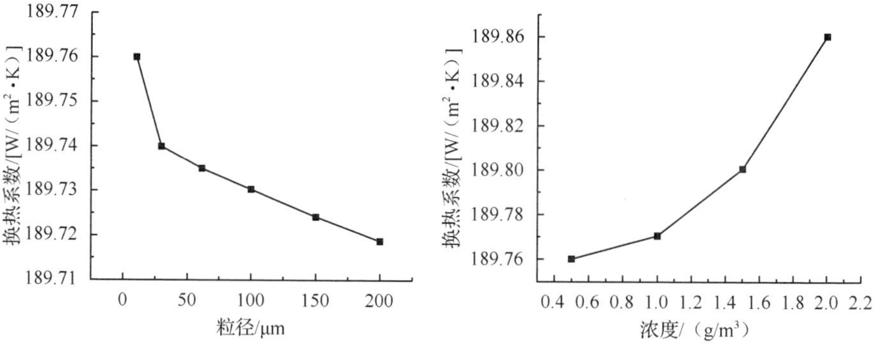

图 4-14 散热器换热系数随沙尘粒径和浓度的变化规律

第 5 章

热管理系统的布局

热管理系统的布局方案关系到热管理系统能否精确高效地满足各部件的热管理需求，当热管理系统的部件繁多、需求不一时，如何对热管理系统进行合理布局，需要采用科学的方法和手段。本章以满足系统部件的热管理需求和降低水侧阻力为目标，介绍一种基于有向图的热管理系统的水侧布局方案设计方法，并以计算流体动力学（CFD）仿真为基础，对热管理系统的风侧布局方案进行了分析。

5.1 水侧布局方案

5.1.1 简化模型

1．产热部件

简化产热部件的结构，将其视为温度为 t_h 、分布均匀、热功率为 P 的物体，如图 5-1 所示，则有

$$P = A\delta(t_h - t_m) \tag{5-1}$$

$$P = (t_{out} - t_{in})c_1 q_{in} \tag{5-2}$$

式中，c_1 是冷却液的比热容；q_{in} 是冷却液流量；t_{in} 是冷却液入口温度；t_{out} 是冷却液出口温度；t_m 是冷却液侧平均温度；A 是产热部件与冷却液之间的有效传热面积；δ 是产热部件与冷却液之间的换热系数。

一般在误差允许范围内，t_m 可用下式计算：

$$t_m = \frac{t_{in} + t_{out}}{2} \tag{5-3}$$

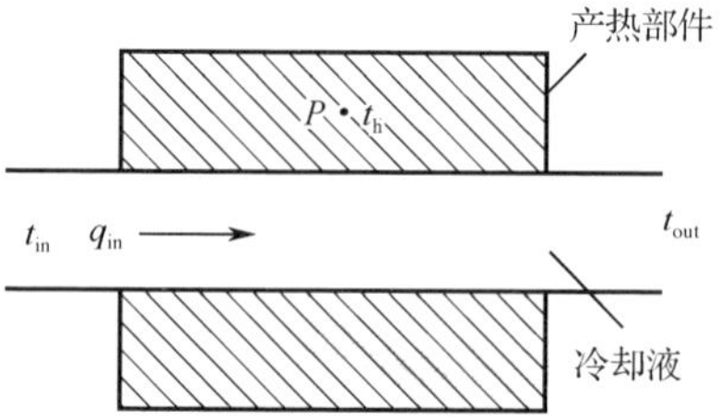

图 5-1　产热部件传热简化模型

消去 t_m 和 t_{out} ，将 q_{in} 表达为 t_{in} 的函数，即

$$q_{in} = f(t_{in}) = \frac{P}{2c_1\left(t_h - t_{in} + \frac{P}{A\delta}\right)} \tag{5-4}$$

t_{in} 越高，满足产热部件热管理需求所需的 q_{in} 就越大。因此，当冷却液入口温度为 t_{in} 时，冷却液的流量必须大于 q_{in} ，才能满足产热部件的热管理需求，即 $q_{in} \geqslant f(t_{in})$ 。

以 t_{in} 为自变量，以所需的最小冷却液流量为函数，以满足产热部件的热管理需求为约束条件，可以建立产热部件的热管理需求函数，即

$$q_{in} \geqslant f(t_{in}) \tag{5-5}$$

根据式（5-2），建立冷却液出口温度函数为

$$t_{out} = t_{in} + \frac{P}{c_1 q_{in}} \tag{5-6}$$

建立冷却液流经产热部件产生的压力降函数 h 为

$$h = \zeta q_{in}^2 \tag{5-7}$$

式中，ζ 是产热部件的局部阻抗系数。

2. 散热器

冷却空气流经散热器后吸收热量，温度升高。当冷却空气的质量流量一定时，其出口温度取决于冷却液的平均温度及散热器的传热效率，两者都与散热器的结构相关，故有

$$t_{out} = t_{in\_r} - \varepsilon(t_{in\_r} - t_{air}) \tag{5-8}$$

式中，ε 是散热器的有效度，可取 0.75[45]； t_{air} 是冷却空气的入口温度，设为定值； t_{in_r} 是冷却液平均温度； t_{out} 是冷却空气的出口温度。

冷却液流经散热器产生的压力降仍用局部阻力方程计算。

3. 水泵

根据水泵的工作特性曲线，可以用最小二乘法拟合出额定转速下水泵流量和扬程的关系，即

$$h_p = f_H(q_p) = aq_p^2 + bq_p + c \tag{5-9}$$

式中，a、b、c 是拟合得到的系数；q_p 是水泵流量；h_p 是水泵扬程。

当水泵的转速变化时，采用下列公式求解[45]：

$$\frac{n}{n_m} = \frac{Q}{Q_m} \tag{5-10}$$

$$\left(\frac{n}{n_m}\right)^2 = \frac{H}{H_m} \tag{5-11}$$

式中，n_m 是额定工况下的水泵转速；Q_m 是额定工况下的水泵流量；H_m 是额定工况下的水泵扬程；n 是水泵的实际转速；Q 是水泵的实际流量；H 是水泵的实际扬程。

5.1.2　表示方法

1. 基于有向图的热管理系统表示方法

将热管理系统的冷却液循环管路视为一个有向图。将热管理系统中的部件，如发电机、电动机、电机控制器和散热器等视作有向图的两类节点，其中一类节点有热管理需求和冷却液流动局部阻力；另一类节点在一个循环中一般只有一个，并且仅有冷却液流动阻力。冷却液循环水泵一般布置在散热器的出口位置，故将散热器和水泵视为一个节点（节点 1）。热管理需求和冷却液流动阻力都采用热管理系统部件模型进行描述。

忽略冷却液循环管道的流动阻力，将管道视为有向图的边，冷却液的流动方向即为有向图边的方向，因此，热管理系统循环布局方案可被视为邻接矩阵，如图 5-2 所示。

每个热管理系统布局方案都可以用唯一一个有向图表示，但是有的有向图表示的布局方案并不能作为热管理系统布局方案，还需要按规则进行筛选。

规则 1：邻接矩阵中的每个元素都代表从一个节点到另一个节点的

有向边数，因此能作为热管理系统布局方案的有向图，其邻接矩阵的元素必为 0 或 1。

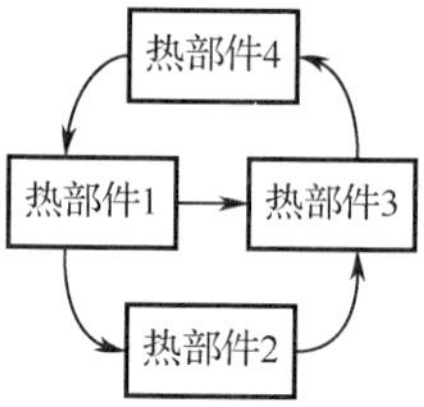

	热部件1	热部件2	热部件3	热部件4
热部件1	热部件 1 到热部件 1 的边数：0	热部件1 到热部件2 的边数：1	热部件1 到热部件3 的边数：1	热部件1 到热部件4 的边数：0
热部件2	热部件2 到热部件1 的边数：0	热部件2 到热部件2 的边数：0	热部件2 到热部件3 的边数：1	热部件2 到热部件4 的边数：0
热部件3	热部件3 到热部件1 的边数：0	热部件3 到热部件2 的边数：0	热部件3 到热部件3 的边数：0	热部件3 到热部件4 的边数：1
热部件4	热部件4 到热部件1 的边数：1	热部件4 到热部件2 的边数：0	热部件4 到热部件3 的边数：0	热部件4 到热部件4 的边数：0

$$\begin{bmatrix} 0 & 1 & 1 & 0 \\ 0 & 0 & 1 & 0 \\ 0 & 0 & 0 & 1 \\ 1 & 0 & 0 & 0 \end{bmatrix}$$

图 5-2　热管理系统循环布局方案与邻接矩阵的对应关系示例

规则 2：邻接矩阵中对角线上的元素表示从一个节点出发又回到该节点的有向边数，因此能作为热管理系统布局方案的有向图，其邻接矩阵的主对角线元素全部为 0。

规则 3：在邻接矩阵中，某一行或某一列上的元素之和分别表示以该节点为起点和终点的有向边数，因此能作为热管理系统布局方案的有向图，其邻接矩阵的每一行或每一列的元素之和不等于 0。

规则 4：邻接矩阵中关于主对角线对称的两个元素分别表示从一个节点到另一个节点的有向边数和从另一个节点回到该节点的有向边数，因此能作为热管理系统布局方案的有向图，其邻接矩阵关于主对角线对称的元素必不同时为 1。

规则 5：由于没有考虑冷却液管道的流动阻力，方案中不能出现图 5-3 所示的短路情况。

应用图论理论中的路径搜索算法，排除“短路”情况。如果两个节点之间存在多条路径，并且这些路径中存在只包含起点和终点的路径，则说明该有向图中存在“短路”情况。

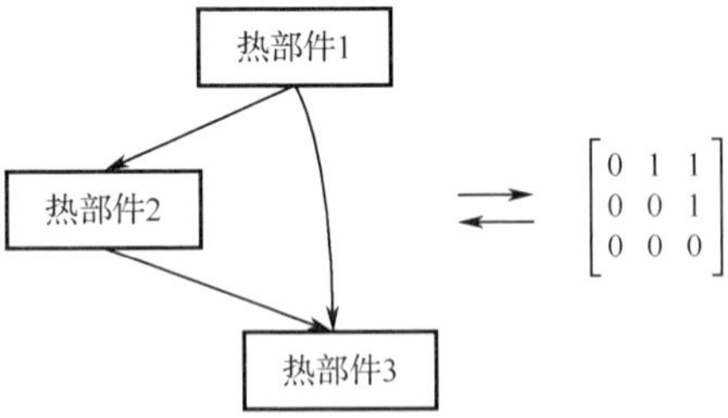

图 5-3　布局方案中的“短路”情况

规则 6：所有的冷却液循环都需要经过散热器和水泵，即节点 1。在一个有向图中，如果有不包含节点 1 的环路存在，如图 5-4 所示的热部件 1、热部件 2 和热部件 3，则该有向图不能作为热管理系统布局方案。

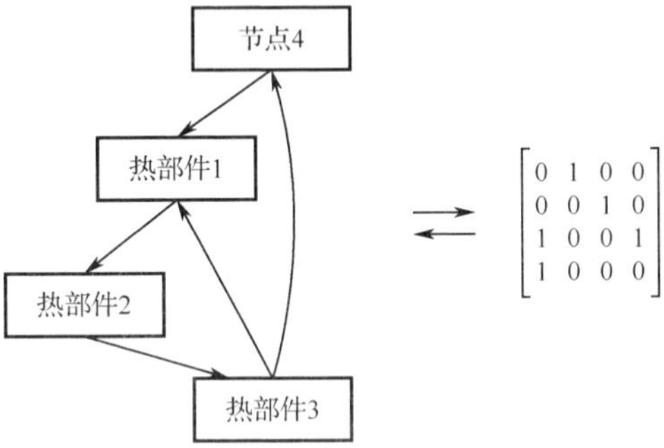

图 5-4　形成不包含节点 1 的环路的情况

应用图论理论中的广度搜索算法，排除不含节点 1 的环路情况。在邻接矩阵中，如果除节点 1 外的其余节点的邻接矩阵的行列式值不等于 0，则说明这些节点之间构成了环路。采用以上规则进行筛选后的邻接矩阵即可作为热管理系统布局方案进行进一步研究。

2. 流量分配求解

与热管理系统中产热部件内部复杂的水腔结构相比，动力舱内部冷却液循环管道的长度非常短，沿程阻力也非常小，因此，在冷却液流量分配计算时暂不考虑管道阻力。以单个节点为研究对象，如图 5-5 所示，采用建立的热管理系统部件简化模型建立该节点的流动模型。

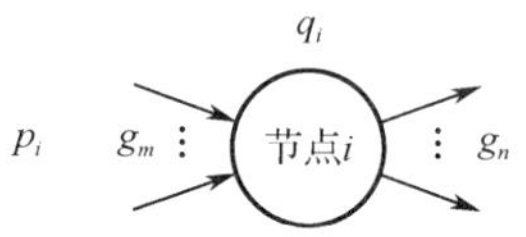

图 5-5　一个节点的简图

参数约定如下：

g 表示流入（出）第 i 个节点的流量；

p 表示第 i 个节点前的压力；

q 表示流经第 i 个节点的流量总和；

$\boldsymbol{G}=(g_1,g_2,\cdots,g_B)^{\mathrm{T}}$ 表示有向边上冷却液的流量；

$\boldsymbol{H}=(h_1,h_2,\cdots,h_N)^{\mathrm{T}}$ 表示冷却液流经每个节点的压力降；

$\boldsymbol{P}=(p_1,p_2,\cdots,p_N)^{\mathrm{T}}$ 表示每个节点前的入口压力；

$\boldsymbol{Q}=(q_1,q_2,\cdots,q_N)^{\mathrm{T}}$ 表示每个节点的冷却液流量；

定义 $\boldsymbol{C}'=(c'_{ij})_{N\times B}$ 为节点输出矩阵，并有

$$c'_{ij}=\begin{cases}1, & v_i\text{是有向边}a_j\text{的起始点}\\0, & v_i\text{是有向边}a_j\text{的终点或}v_i\text{与}a_j\text{不相关}\end{cases}$$

定义 $\boldsymbol{C}''=(c''_{ij})_{N\times B}$ 为节点输入矩阵，并有

$$c''_{ij}=\begin{cases}1, & v_i\text{是有向边}a_j\text{的终点}\\0, & v_i\text{是有向边}a_j\text{的起点或}v_i\text{与}a_j\text{不相关}\end{cases}$$

定义 $\boldsymbol{E}=(e_{ij})_{(B-N+1)\times N}$ 为基本环路矩阵，并有

$$e_{ij}=\begin{cases}1, & \text{第}i\text{条基本回路包含第}j\text{个节点}\\0, & \text{第}i\text{条基本回路不包含第}j\text{个节点}\end{cases}$$

其秩即基本环路数为 $B-N+1$。

由基尔霍夫流量定理可知，针对任一节点，其冷却液的流入量和流出量应相等，即

$$\sum_{j=1}^{B} m_{kj} g_j = 0,(k=1,2,\cdots,N) \tag{5-12}$$

式中，m_{kj} 是 $\boldsymbol{C}$ 中的元素；g_j 是 $\boldsymbol{G}$ 中的元素。写成矩阵形式为

$$\boldsymbol{CG}=0 \tag{5-13}$$

流经节点 k 的流量等于流入或流出该节点的流量之和，即

$$\sum_{j=1}^{B} c'_{kj} g_j = q_k, (k = 1, 2, \cdots, N) \tag{5-14}$$

式中，c'_{kj} 是 $\boldsymbol{C}'$ 中的元素；g_j 是 $\boldsymbol{G}$ 中的元素。写成矩阵形式为

$$\boldsymbol{C}'\boldsymbol{G} = \boldsymbol{Q} \tag{5-15}$$

根据基尔霍夫压力定理，在一条基本环路中，所有节点压力降的代数和为零，即

$$\sum_{i=1}^{N} e_{ki} h_i = 0, (k = 1, 2, \cdots, B - N + 1) \tag{5-16}$$

式中，e_{ki} 是 $\boldsymbol{E}$ 中的元素；h_i 是 $\boldsymbol{H}$ 中的元素。写成矩阵形式为

$$\boldsymbol{EH} = \boldsymbol{0} \tag{5-17}$$

根据产热部件内的冷却液流动阻力模型，每个节点处的压力降与流经该节点的冷却液流量关系如式（5-18）所示，其中 $\boldsymbol{F}$ 为函数组成的列向量，即

$$\boldsymbol{H} = \boldsymbol{F}(\boldsymbol{Q}) = \begin{bmatrix} f_1(q_1) \\ f_2(q_2) \\ \vdots \\ f_N(q_N) \end{bmatrix} \tag{5-18}$$

将式（5-15）～式（5-18）联立组成方程组，即

$$\begin{cases} \boldsymbol{CG} = \boldsymbol{0} \\ \boldsymbol{C}'\boldsymbol{G} = \boldsymbol{Q} \\ \boldsymbol{EH} = \boldsymbol{0} \\ \boldsymbol{H} = \boldsymbol{F}(\boldsymbol{Q}) \end{cases} \tag{5-19}$$

简化后可得

$$\begin{cases} \boldsymbol{CG} = \boldsymbol{0} \\ \boldsymbol{E} * \boldsymbol{F}(\boldsymbol{C}'\boldsymbol{G}) = \boldsymbol{0} \end{cases} \tag{5-20}$$

$\boldsymbol{C}$ 的秩为 N，$\boldsymbol{E}$ 的秩为 $B - N + 1$，而 $\boldsymbol{G}$ 中含有 B 个未知量，同时函数矩阵 $\boldsymbol{F}$ 中含有未知量的二次式，因此该方程组为超定多元二次方程组，可以使用多维约束非线性优化方法进行求解。

以 $\boldsymbol{G}$ 为变量，将式（5-20）转化为如下形式的最优化问题：

$$\begin{cases} \min & f(\boldsymbol{G}) = \boldsymbol{CG} \\ \text{s.t.} & \boldsymbol{E} * \boldsymbol{F}(\boldsymbol{C}'\boldsymbol{G}) = \boldsymbol{0} \\ & \boldsymbol{0} \leqslant \boldsymbol{G} \end{cases} \tag{5-21}$$

即可求出 $\boldsymbol{G}$，进而求出 $\boldsymbol{Q}$。

3. 热平衡温度求解

参数约定如下：

$\boldsymbol{T}=(t_1,t_2,\cdots,t_B)^{\mathrm{T}}$ 表示每条边上的冷却液温度；

$\boldsymbol{T}_{\mathrm{in}}=(t_{\mathrm{in}1},t_{\mathrm{in}2},\cdots,t_{\mathrm{in}N})^{\mathrm{T}}$ 表示各节点入口温度；

$\boldsymbol{T}_{\mathrm{o}}=(t_{\mathrm{o}1},t_{\mathrm{o}2},\cdots,t_{\mathrm{o}N})^{\mathrm{T}}$ 表示各节点出口温度；

根据建立的热管理系统简化模型，各节点的出口温度是入口温度的函数，即

$$\boldsymbol{T}_{\mathrm{o}}=\boldsymbol{F}_{\mathrm{t}}(\boldsymbol{T}_{\mathrm{in}})=\begin{bmatrix} f_{\mathrm{t}1}(t_{\mathrm{in}1}) \\ f_{\mathrm{t}2}(t_{\mathrm{in}2}) \\ \vdots \\ f_{\mathrm{t}N}(t_{\mathrm{in}N}) \end{bmatrix} \tag{5-22}$$

各节点的入口温度应为流入该节点的所有支路混合后的温度，即

$$\boldsymbol{C}''(\boldsymbol{G}'\boldsymbol{T})=\boldsymbol{T}_{\mathrm{in}} \tag{5-23}$$

式中，$\boldsymbol{G}'$ 是归一化后的支路流量 $\boldsymbol{G}$。

支路温度与节点出口温度的关系为

$$\boldsymbol{C}'^{\mathrm{T}}\boldsymbol{T}_{\mathrm{o}}=\boldsymbol{T} \tag{5-24}$$

将式（5-22）～式（5-24）联立组成方程组，即

$$\begin{cases} \boldsymbol{T}_{\mathrm{o}}=\boldsymbol{F}_{\mathrm{t}}(\boldsymbol{T}_{\mathrm{in}}) \\ \boldsymbol{C}''(\boldsymbol{G}'\boldsymbol{T})=\boldsymbol{T}_{\mathrm{in}} \\ \boldsymbol{C}'^{\mathrm{T}}\boldsymbol{T}_{\mathrm{o}}=\boldsymbol{T} \end{cases} \tag{5-25}$$

简化后可得

$$\boldsymbol{T}_{\mathrm{in}}=\boldsymbol{C}''\{\boldsymbol{G}'[\boldsymbol{C}'^{\mathrm{T}}\boldsymbol{F}_{\mathrm{t}}(\boldsymbol{T}_{\mathrm{in}})]\} \tag{5-26}$$

采用迭代算法进行求解：取初始值 $\boldsymbol{T}_{\mathrm{in}}^{0}$，设定迭代停止条件 $\left\|\boldsymbol{T}_{\mathrm{in}}^{k+1}-\boldsymbol{T}_{\mathrm{in}}^{k}\right\|\leqslant\delta$，按下式迭代，即可求得该流量下各部件的入口温度。

$$\boldsymbol{T}_{\mathrm{in}}^{k+1}=\boldsymbol{C}''\{\boldsymbol{G}'[\boldsymbol{C}'^{\mathrm{T}}\boldsymbol{F}_{\mathrm{t}}(\boldsymbol{T}_{\mathrm{in}}^{k})]\} \tag{5-27}$$

4. 水泵转速求解

不同热管理系统布局方案的冷却液循环阻力不同，满足所有产热部件的热管理需求的冷却液流量也不同，即水泵功率不同。针对每种布局方案，通过迭代求解水泵转速及流量，如图 5-6 所示。

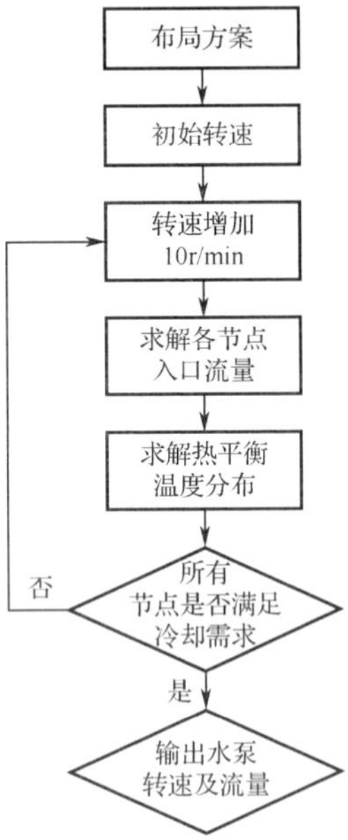

图 5-6　水泵转速及流量求解过程

热管理系统的布局是在综合考虑热管理系统各部件散热需求的基础上，进行合理布局的过程。借助热管理系统的简化模型及表示方法，结合布局算法，能够实现热管理系统的合理布局。

5.1.3　布局算法

适用于布局算法的种类有很多，其中遗传算法是一种被广泛使用的启发式智能优化算法，具有发展成熟、鲁棒性好、搜索能力强、不易陷入局部最优解的优点。因此，本节以遗传优化算法为例进行求解。

1）编码和解码

按照完备性原则、健全性原则和非冗余性要求，设计编码方式。采用二进制编码方案，首先去除邻接矩阵中主对角线上的元素（全部为 0），然后逐行将 $\boldsymbol{A}$ 中的元素写入 $\boldsymbol{S}$ 中，形成遗传编码。对于有 N 个节点的系统方案，$\boldsymbol{S}$ 的长度为 $N(N-1)$，即

$$\boldsymbol{S}=\{a_{12}a_{13}\cdots a_{1j}a_{21}a_{23}\cdots a_{2j}\cdots a_{i-1j-1}\} \tag{5-28}$$

解码的过程则相反，先取出 $\boldsymbol{S}$ 中的元素，在空出 $\boldsymbol{A}$ 的主对角线元素后，逐行写入 $\boldsymbol{A}$ 中，然后用 0 元素填充 $\boldsymbol{A}$ 的主对角线，即可得到 $\boldsymbol{A}$。

2）淘汰规则和适应度函数

对遗传算法生成的个体进行筛选，以去除不适合作为布局方案的个体。在热管理系统布局优化的过程中，既要考虑冷却液循环流量的大小，也要考虑整个循环中的压力损失，因此热管理系统布局方案是一个多目标优化的问题。而冷却液流量和整个冷却液循环的压力损失的乘积就是循环水泵的输出功率，故可以“水泵功率”建立目标函数，即遗传算法中用于评估个体对环境适应能力的适应度函数：

$$\mathrm{Fit}(S)=h_{\mathrm{p}}\times q_{\mathrm{p}} \tag{5-29}$$

式中，h_{p}是循环中的总压降；q_{p}是循环中冷却液的总流量。

3）遗传算子

遗传算子即遗传算法中产生新一代个体的计算方法。在装甲车辆热管理系统布局方案设计中，需要设置变异概率、个体之间交叉概率。保留至下一代的个体分为两类：一类是适应度函数排名前三的个体；另一类是交叉变异后经过淘汰产生的新个体。产热部件的数量越多，有向图的节点越多，布局方案的规模越大，所需的种群数量越大，相应的遗传代际数量也会增加。

4）布局运算

热管理系统布局方案的遗传算法运算过程如图 5-7 所示。

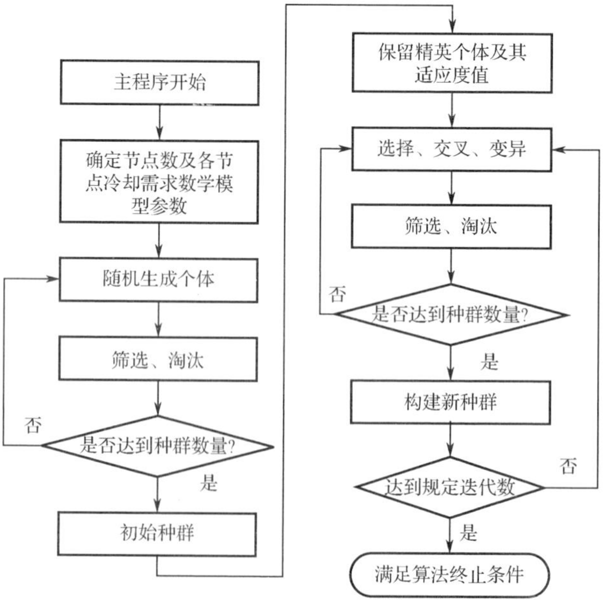

图 5-7　热管理系统布局方案的遗传算法运算过程

5.1.4　布局实例

1．热管理系统布局方案设计系统

按照基于有向图的热管理系统布局方法，建立热管理系统布局方案设计系统，如图 5-8 所示。

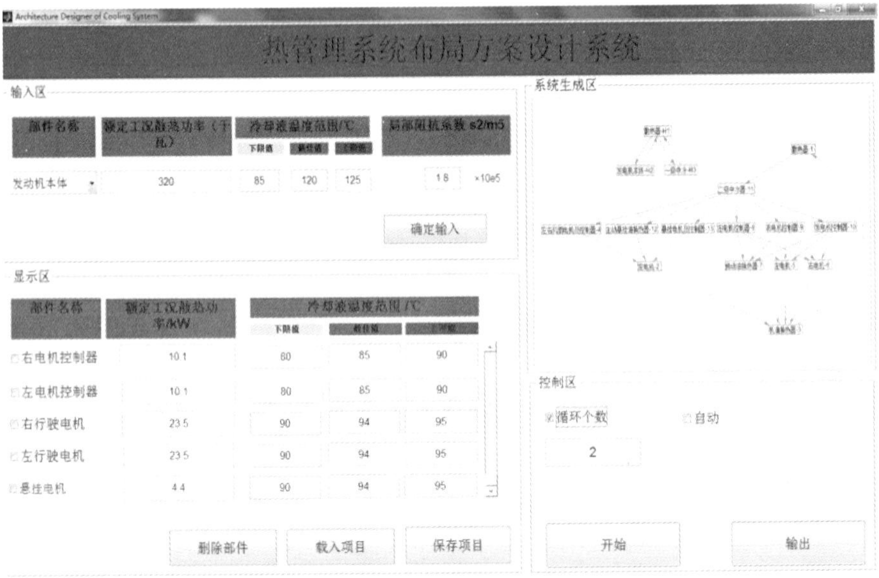

图 5-8　热管理系统布局方案设计系统

该系统的主要输入参数包括热部件的散热功率、目标温度范围、最佳工作温度和局部阻力系数等，可对部件进行添加和删除操作。用户可以自定义循环个数，也可以根据部件的温度范围和散热功率自动进行分组并确定循环个数。右侧系统生成区自动生成布局方案的有向图模型，经整理可得到热管理系统的结构图。

2．热管理系统布局方案设计

以某型车辆热管理系统为例，根据该热管理系统需求将系统分为高温循环和低温循环，自定义设置 2 个冷却液循环后，热管理系统布局方案设计系统自动生成布局方案。图 5-9 所示为优化后的低温循环布局，整理后的低温循环布局如图 5-10 所示。

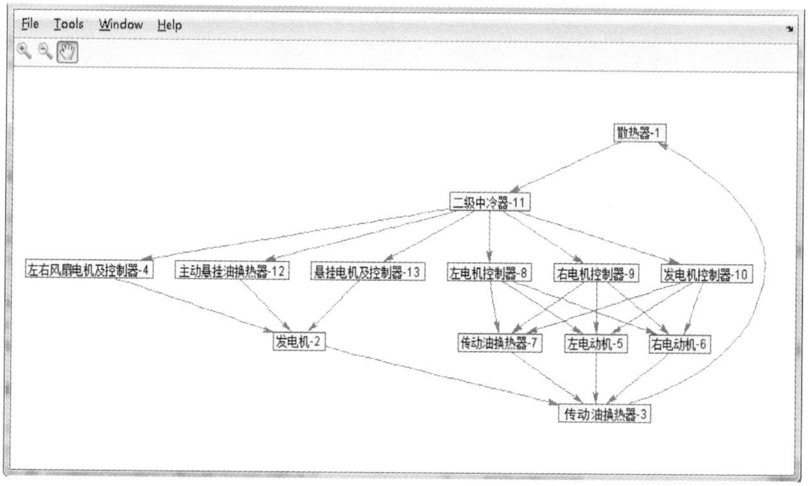

图 5-9 优化后的低温循环布局

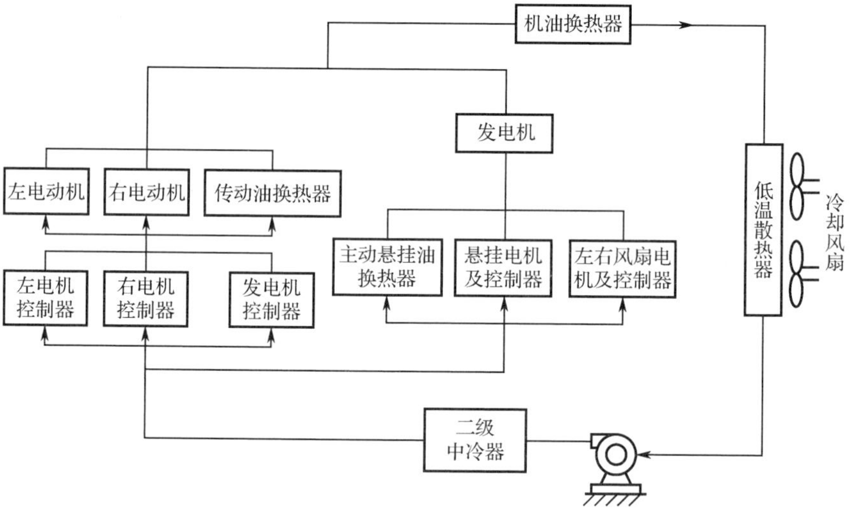

图 5-10 整理后的低温循环布局

5.2 风侧布局方案

5.2.1 开放式风道动力舱

1. 开放式风道的特点

开放式风道动力舱是目前较为常用的动力舱布置方式，其通过风扇对散热器及动力舱热源进行冷却。但由于冷却空气流经部件较多、流动路径复杂，导致流动风阻大，局部冷却不均匀。图 5-11 所示为某型履带车辆开放式风道动力舱的三维模型，下面以该型履带车辆动力舱的 CFD 仿真为基础，分析开放式风道动力舱的特点。

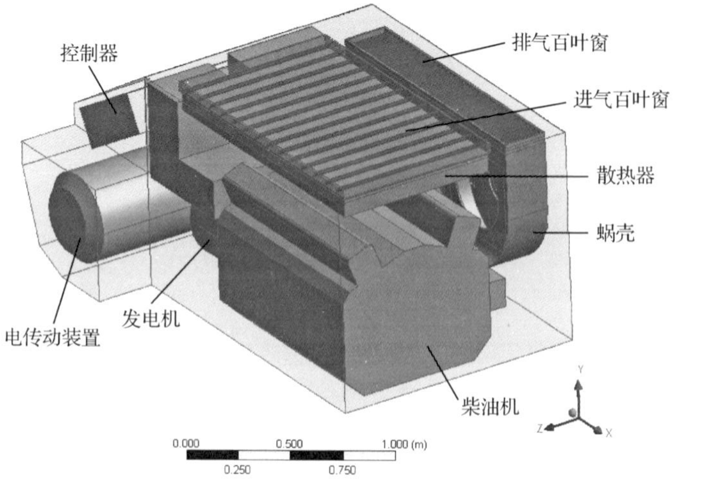

图 5-11　某型履带车辆开放式风道动力舱的三维模型

2. 开放式风道的布局分析

图 5-12 所示为动力舱外部冷却空气流场，图 5-13 所示为动力舱内部温度场的分布。

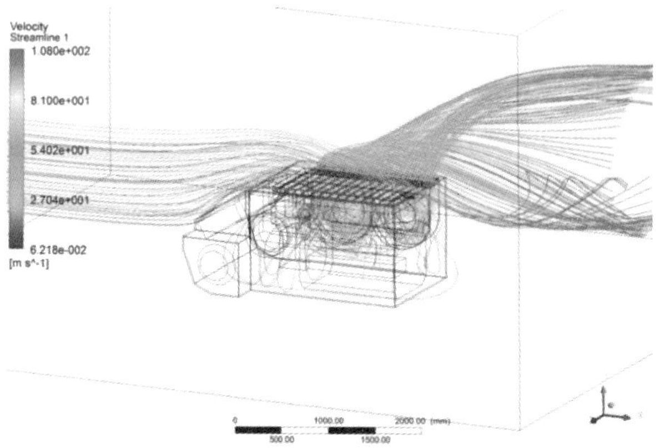

图 5-12　动力舱外部冷却空气流场

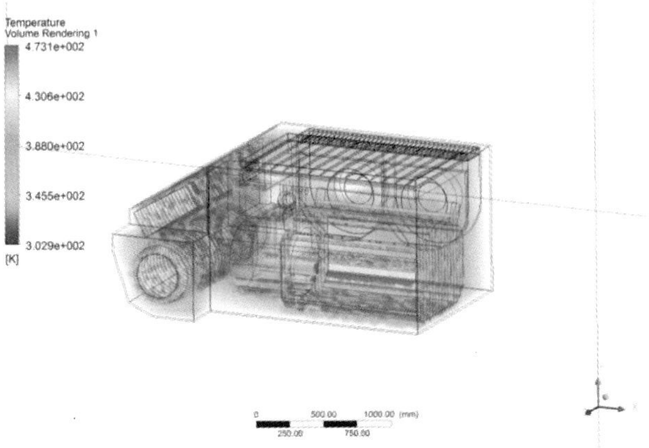

图 5-13　动力舱内部温度场的分布

从该型动力舱的空气流场和温度场的分布来看，冷却空气从进气百叶窗进入，经过散热器后直接冲击柴油机本体。一方面，可以对柴油机本体外表进行冷却；另一方面，冷却空气流动方向突然改变，可使流经散热器后的冷却空气进一步升温，提高了冷却空气的利用效果，降低了风扇功耗。同时对柴油机形成风冷效果，在对柴油机本体进行热管理系统设计时可以降低水冷却的强度。冷却空气对柴油机右侧的冷却强度明显强于左侧，可能造成柴油机左、右两列气缸盖的冷却不均匀。

图 5-14、图 5-15 所示分别为动力舱内部流场的后视图和左视图。从动力舱内部流场的左视图可以看出，流经散热器后部的冷却空气从柴油机的左侧空隙流向动力舱前部的电机及控制器等部件。由于电机及控制器正常工作所需的温度较低，而经过散热器和柴油机本体的冷却空气温度较高，可能对电机及控制器产生不利影响。

根据图 5-16 所示的动力舱内 2 个截面的温度场分布情况可知，由于动力舱中后部的冷却空气流动充分且无死角，该部分温度分布较为均匀；而在动力舱前部，特别是电机附近，由于空间狭小且处于半封闭位置，冷却空气流动不足，局部温度较高。

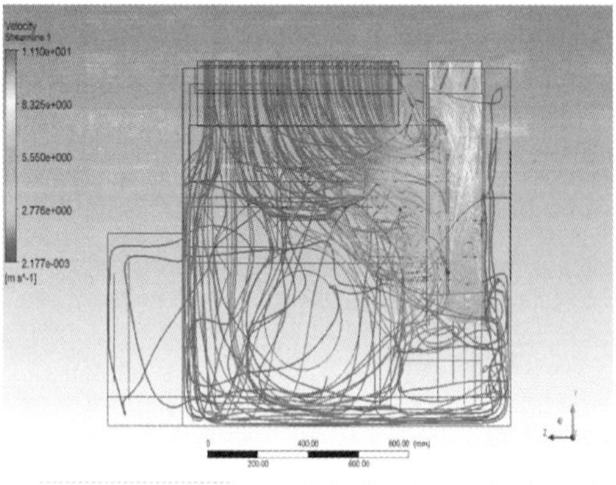

图 5-14　动力舱内部流场的后视图

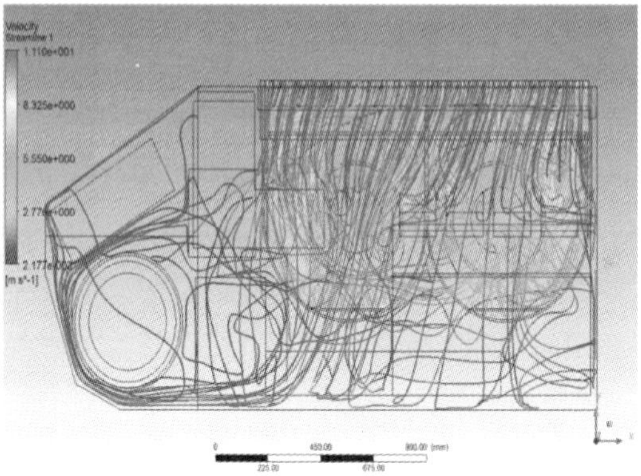

图 5-15　动力舱内部流场的左视图

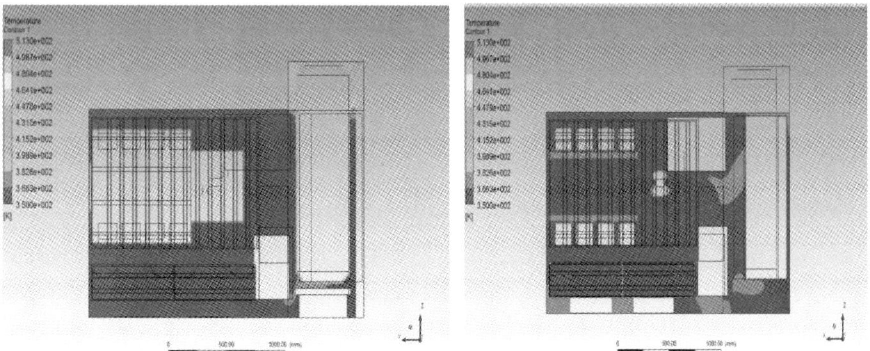

（a）动力舱温度场 1　　　　（b）动力舱温度场 2

图 5-16　动力舱温度场

5.2.2 封闭式风道动力舱

1. 封闭式风道的特点

封闭式风道动力舱不同于开放式风道动力舱，其气道内空气流通相对简单，冷却效果好，目前被广泛使用。图 5-17 所示为某型装甲车辆封闭式动力舱的风道模型，该型动力舱由高、低温两个散热器及高、低温风扇组成。高、低温散热器叠置，冷却风先通过低温散热器，再通过高温散热器；高、低温风扇并排放置，两者转速一致。下面以该型履带车辆动力舱的 CFD 仿真为基础，分析封闭式风道动力舱的特点。

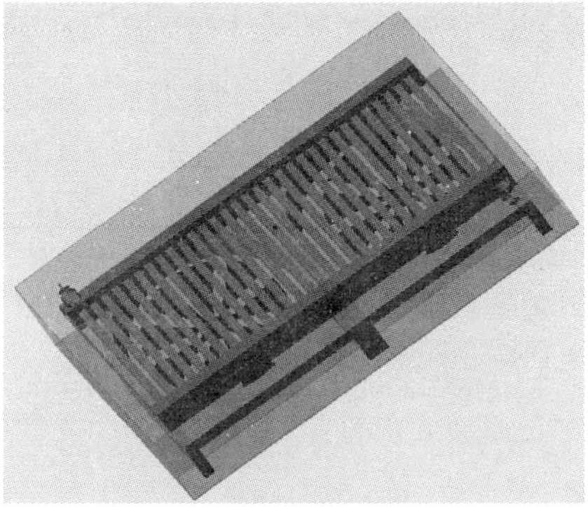

图 5-17 封闭式风道动力舱的风道模型

2. 封闭式风道的布局分析

图 5-18 所示为低温散热器进口处的空气流场，图 5-19 所示为高温散热器进口处的空气流场。尽管风道内的零部件布置关于 Z=0mm 轴完全对称，但冷却风道流场并不完全对称。这是因为该型散热器的冷却液从 Z=−950mm 处进入散热器，从 Z=950mm 处流出散热器，导致 Z 轴为负的部位空气在流经散热器时温度较高、密度较小，运动速度较快。

在进气百叶窗入口处的空气温度为 308K，经过低温散热器后的空气温度场如图 5-20 所示，其平均温度约为 335K，温度升高约 27K。图 5-21 所示为高温散热器出口处的空气温度场，空气经过高温散热器后的平均温度约为 356K，温度升高约 21K。冷却空气经过两个散热器后温度共计升高约

48K。由于四个角处的冷却风速较小，风扇蜗壳四个角处的空气温度较高。

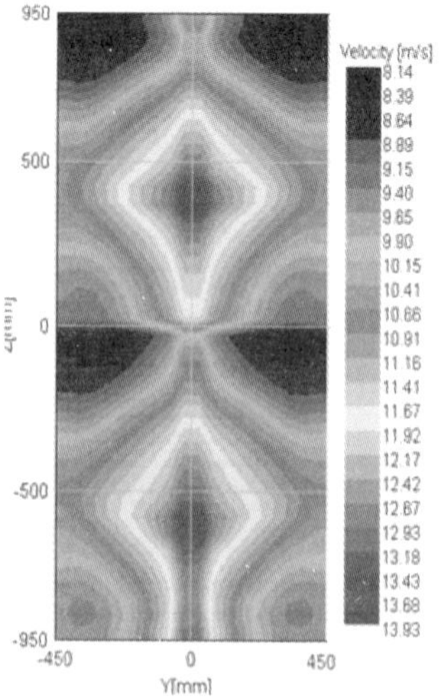

图 5-18　低温散热器进口处的空气流场

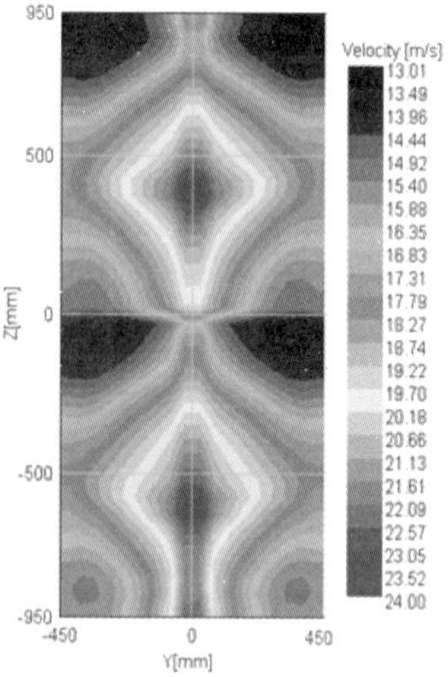

图 5-19　高温散热器进口处的空气流场

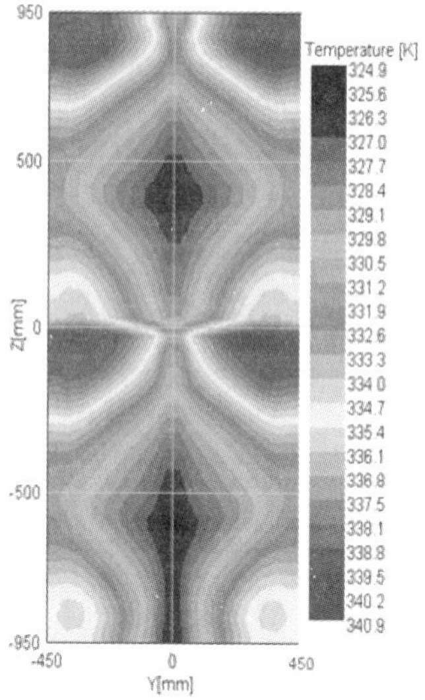

图 5-20　低温散热器出口处的空气温度场

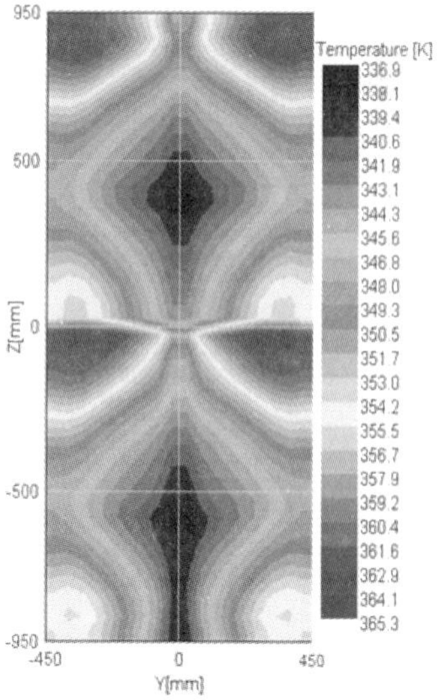

图 5-21　高温散热器出口处的空气温度场

根据风道内散热器与风扇的安装位置及风扇形式的不同，可以按 3 种方案进行布置。方案 1 为吸风式离心风扇冷却风道（见图 5-22（a）），方案 2 为吸风式轴流风扇冷却风道（见图 5-22（b）），方案 3 为吹风式轴流风扇冷却风道（见图 5-22（c））。建立 3 个方案的仿真模型，并在仿真时保证冷却效果相同（低温散热器前的空气温度为 308K，流量为 $20m^3/s$），比较风道阻力、风扇功耗和风道高度等参数的变化规律。

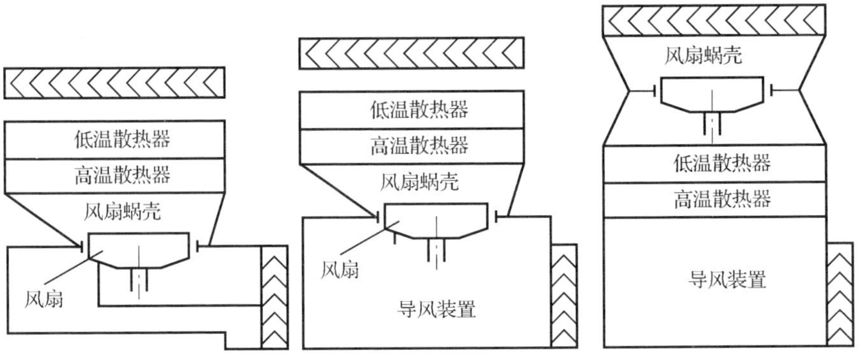

（a）方案1　　（b）方案2　　（c）方案3

图 5-22　3 种布置方案

1）温度场分布对比

图 5-23 所示为 3 种方案对应的高温散热器出口处温度场。3 种方案的散热器出口平均温度分别为 364.2K、364.2K、364.7K，可见三者的冷却效果基本相同。

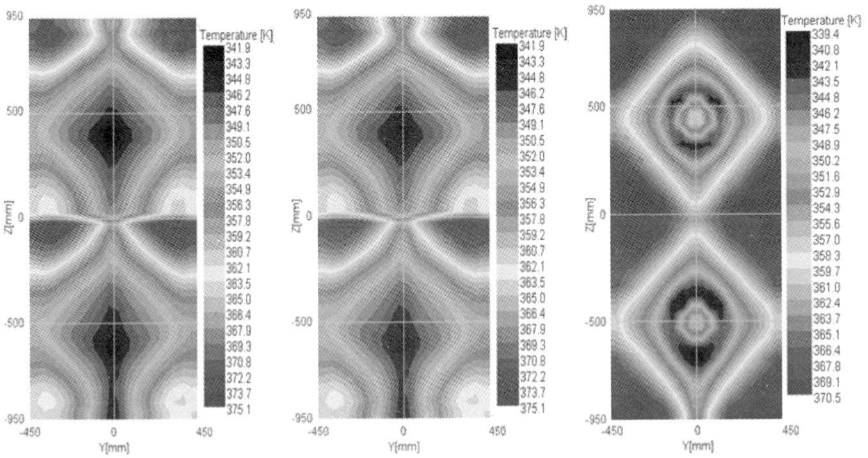

（a）方案 1　　（b）方案 2　　（c）方案 3

图 5-23　高温散热器出口处温度场

2）阻力与功耗

图 5-24 所示为 3 种方案计算结果对比图。由图可知，3 种方案的散热器阻力相差不大，但风道阻力不同。其中，方案 1 的阻力最大，方案 3 的阻力最小。为满足相同的冷却效果，3 种方案的风扇耗功不同，其中方案 1 的功耗最大，方案 3 的功耗最小。在这 3 种方案中，采用离心风扇的方案 1 的风道高度最小，其次为方案 2、方案 3。

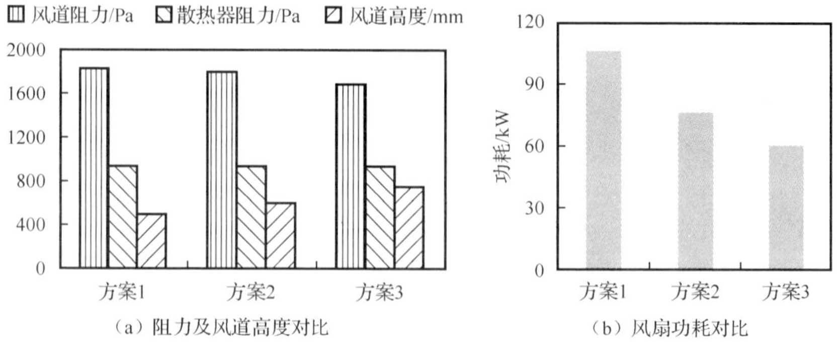

图 5-24　3 种方案计算结果对比图

3）蜗壳高度影响

（1）吸风式冷却风道。图 5-25 所示为吸风式冷却风道结构图。图 5-26 所示为吸风式冷却风道内蜗壳阻力系数与风道有效阻力系数随蜗壳高度变化的曲线。由图 5-26 可知，蜗壳高度在 60～250mm 之间变化时，有效阻力系数小于 45%，除散热器外的其他零部件所占阻力比例过大；随着蜗壳高度的增加，蜗壳阻力系数不断减小，但减小速率越来越小；在蜗壳高度大于 250mm 时，风道有效阻力系数随蜗壳高度增大而增大。因此，在满足动力舱结构尺寸要求的情况下，可选择较大的蜗壳高度。

（2）吹风式冷却风道。在吹风式冷却风道中，风扇与散热器之间的距离（图 5-27 中的 H）对风道阻力影响较大。图 5-28 所示为风道阻力系数与风道有效阻力系数随距离 H 变化的曲线。由图可知，风道阻力系数随距离 H 的增大逐渐减小，但减小速率逐渐变小；风道有效阻力系数随距离 H 先减小后增大。

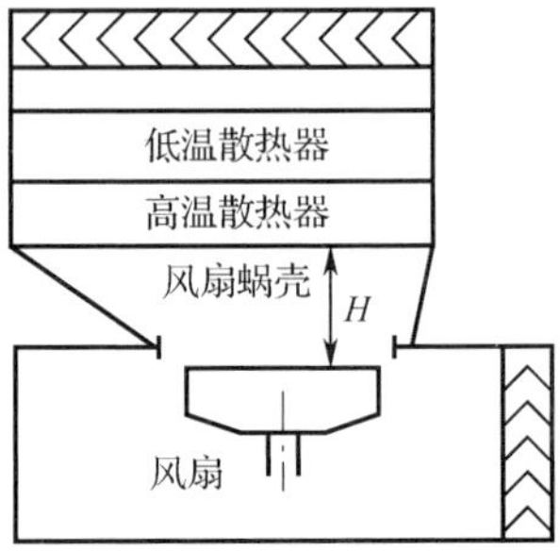

图 5-25　吸风式冷却风道结构图

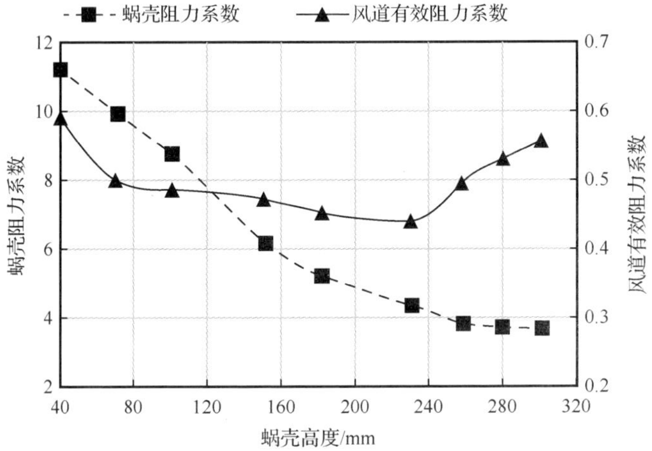

图 5-26　蜗壳阻力系数与风道有效阻力系数随蜗壳高度变化的曲线
（吸风式冷却风道）

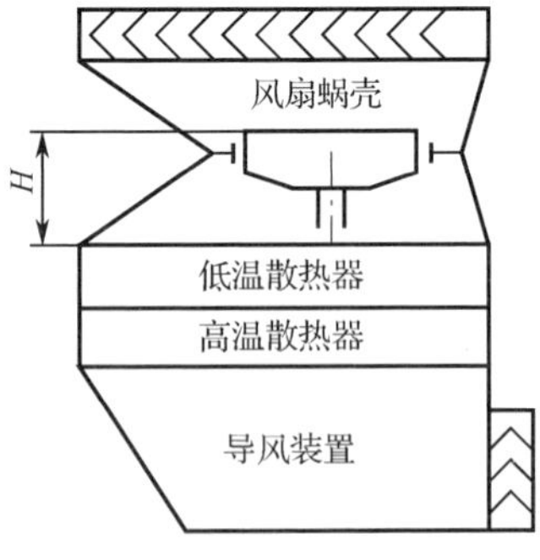

图 5-27　吹风式冷却风道结构图

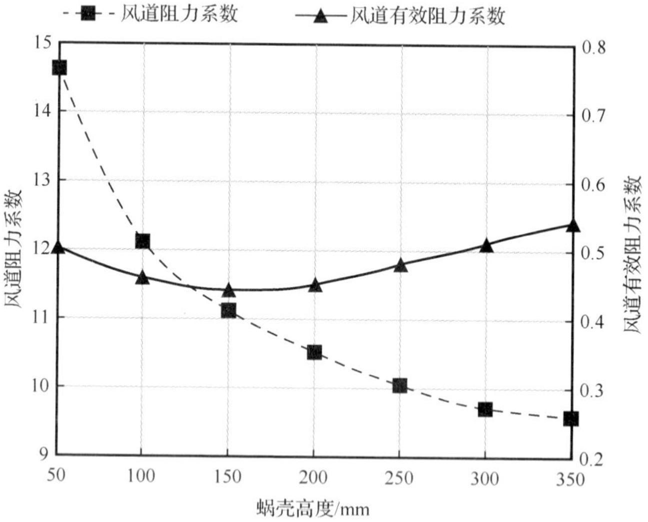

图 5-28　风道阻力系数与风道有效阻力系数随距离 *H* 变化的曲线

第 6 章

热管理系统的控制

控制策略和控制方案是装甲车辆热管理系统的核心，也是实现热管理系统精确控制和高效可靠工作的重要保障。为实现科学合理的冷却，避免过度冷却及冷却不足，热管理系统的控制策略和控制方案须能够根据大气环境和工况变化及时调整运行状态，以保障各部件安全可靠地运行，同时降低功率消耗，减少冷却液温度的波动，缩短冷却液温度稳定时间。

6.1 自适应控制策略

根据热管理系统的特点，可以将热管理系统控制问题描述成热源部件对热管理系统的干扰控制问题。假设在一次“起动-运行-停机”的过程中，大气环境不发生变化，热管理系统的时变性只由系统热源部件的工况决定，那么工况变化就是热管理系统的干扰量。热管理系统达到热平衡时，如果干扰信号不变，则系统保持热平衡，各被控量（观测点温度）不变；当热管理系统的干扰信号发生变化时，及时调整系统输出（风扇、水泵转速），使系统平稳过渡到新的满足要求的热平衡状态（见图 6-1）。对于有多个热源部件的热管理系统，其干扰量并不是单个信号，而是一系列干扰量的组合。根据热管理系统控制的特点及过程控制的原理，热管理系统的控制策略可分为前馈控制、反馈控制和综合控制 3 种。

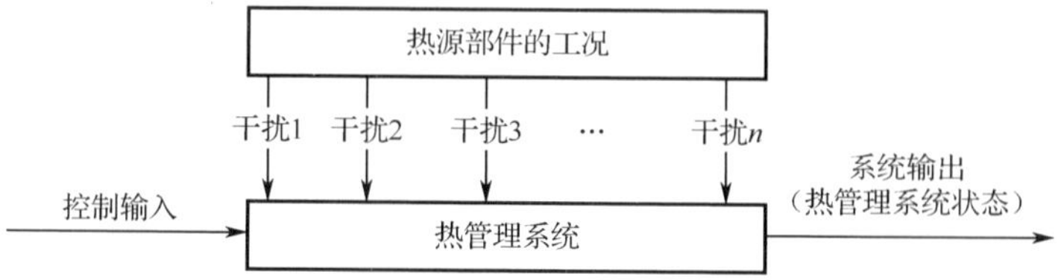

图 6-1　热管理系统控制原理图

6.1.1　前馈控制策略

如图 6-2 所示，热管理系统实时测量扰动量，控制器根据扰动量的大小来调节控制执行器以改变控制变量，从而抵消或减少扰动对被控量的影响。前馈控制是在系统受到扰动前进行的，因此实质上是一种按照扰动进行补偿的开环系统。这种补偿原理不仅用于扰动的补偿，还可以推广应用于改善对象的动态特性。前馈控制以不变性原理为基础，实现不变性控制的先决条件是控制系统中扰动量的可观测性，同时，理论上对于能够观测到的扰动量，都可以对它进行不同程度的不变性控制。因此，前馈控制对于多干扰、强干扰及高延迟的控制对象有很好的控制效果[66]。

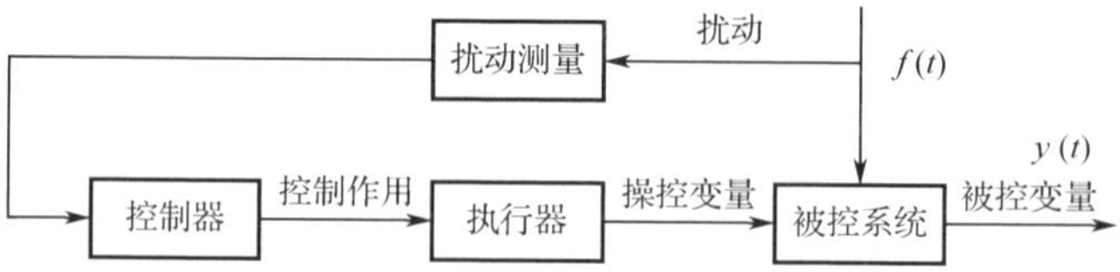

图 6-2　前馈控制的原理

图 6-3 所示为前馈控制的方框图，其采用传递函数的表达式[67]为

$$\frac{Y(s)}{F(s)}=G_{\mathrm{pd}}(s)+G_{\mathrm{ff}}(s)G_{\mathrm{pc}}(s) \tag{6-1}$$

式中，$F(s)$ 为干扰信号；$Y(s)$ 为被控信号；$G_{\mathrm{pc}}(s)$ 为操控变量 y 对被控变量 $y(t)$ 的传递函数；$G_{\mathrm{pd}}(s)$ 为扰动量 $f(t)$ 对被控变量 $y(t)$ 的传递函数；$G_{\mathrm{ff}}(s)$ 为前馈控制器的传递函数。

系统对扰动量 $f(t)$ 实现如图 6-4 所示的全补偿的条件为

$$F(s)\neq 0 \text{ 时，} Y(s)=0 \tag{6-2}$$

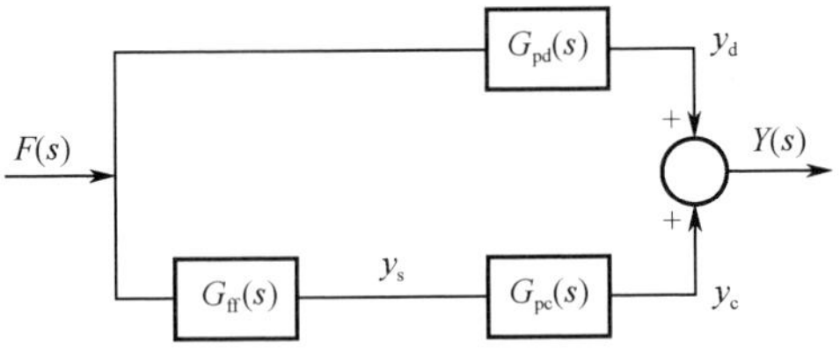

图 6-3　前馈控制的方框图

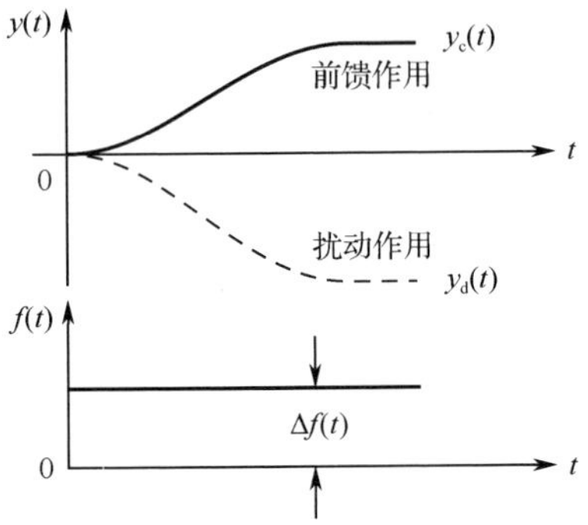

图 6-4　前馈控制全补偿过程

联立式（6-1）与式（6-2）可得

$$G_{ff}(s) = -\frac{G_{pd}(s)}{G_{pc}(s)} \tag{6-3}$$

对于任何一个系统，总希望扰动量的影响越小越好。但是在实际过程中，使被控变量在整个扰动作用过程中始终保持不变（绝对不变性）是不可能的。因此，在实际过程中，通常考虑在一定误差下的不变性（误差不变性）、在稳定工况下的被控量偏差为零（稳态不变性），以及系统对其中几个扰动实现全补偿（选择不变性）等情况。

6.1.2　反馈控制策略

如图 6-5 所示，被控系统的输出通过变量测量环节又返回系统的输入端与控制目标进行比较，并以偏差的形式进入控制器，对系统起控制作用，整个系统便构成了闭合回路。这种在输出端与输入端之间存在反馈信号，使得输出变量对控制作用有直接影响的控制称为反馈控制，也称为闭环控制。

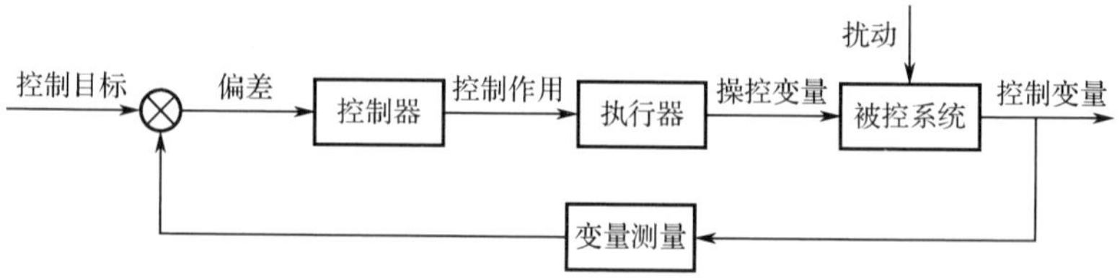

图 6-5 反馈控制的原理

图 6-6 所示为考虑扰动量的反馈控制的方框图[66]。其中，$F(s)$ 表示干扰信号；$Y(s)$ 表示被控信号；$G_{pc}(s)$ 表示操控变量对被控变量 $y(t)$ 的传递函数；$G_{bf}(s)$ 表示反馈控制器的传递函数；$R(s)$ 表示设定的目标函数；$\varepsilon(s)$ 表示误差函数；$H(s)$ 表示反馈函数；y_c 表示前馈作用；y_s 表示反馈作用。

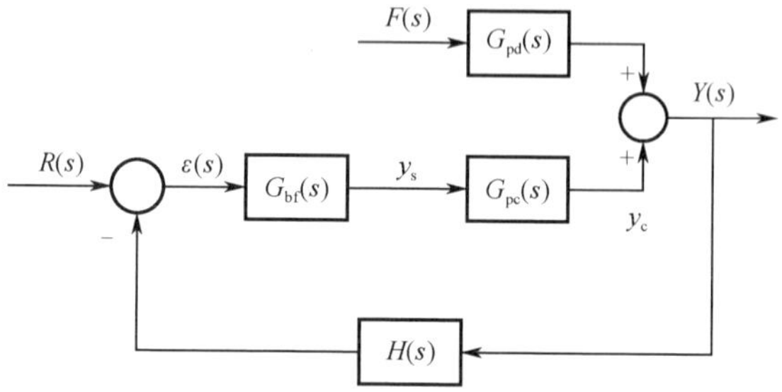

图 6-6 考虑扰动量的反馈控制的方框图

闭环系统的传递函数为

$$Y(s)=\frac{G_{bf}(s)G_{pc}(s)R(s)}{1+G_{bf}(s)G_{pc}(s)H(s)}+\frac{G_{pd}(s)F(s)}{1+G_{bf}(s)G_{pc}(s)H(s)} \tag{6-4}$$

闭环控制的误差传递函数为

$$\varepsilon(s)=\frac{R(s)}{1+G_{bf}(s)G_{pc}(s)H(s)}-\frac{G_{pd}(s)F(s)H(s)}{1+G_{bf}(s)G_{pc}(s)H(s)} \tag{6-5}$$

反馈控制不需要直接对扰动量进行观测，而是对系统输出量进行观测。任何扰动引起被控变量偏离设定值，反馈作用都会产生控制作用去克服被控变量与设定值的偏差，因此，反馈控制系统具有较高的控制精度和较好的适应能力，应用范围非常广泛。由于反馈控制是利用偏差来产生控制作用以达到闭环控制效果的，即其调节作用只有在偏差出现后才会产生，当系统的惯性滞后和纯滞后较大时，控制作用对扰动的克服作用就会变得不及时，导致控制质量大幅度降低。

6.1.3 综合控制策略

对于车辆热管理系统而言，前馈控制只能考虑热源部件的总散热量（干扰量）和各循环的散热量，但无法关注单个热源部件的散热量（干扰分量）及其出口冷却液温度，因而控制精度不高。反馈控制根据观测点实测温度与目标温度的偏差来调节冷却强度，对于由任何扰动所引起的被控变量偏离目标，都会产生控制作用去克服被控变量与目标的偏差，因而控制精度较高、适应能力较强，但在出现偏差后才调节，存在一定的滞后性。结合前馈控制和反馈控制的优势与不足，可以采用两种控制策略相结合的综合控制策略。

针对某型车辆热管理系统，提出"以工况为基础，以温度为目标"的前馈控制与反馈控制相结合的热管理系统综合控制策略，如图 6-7 所示。

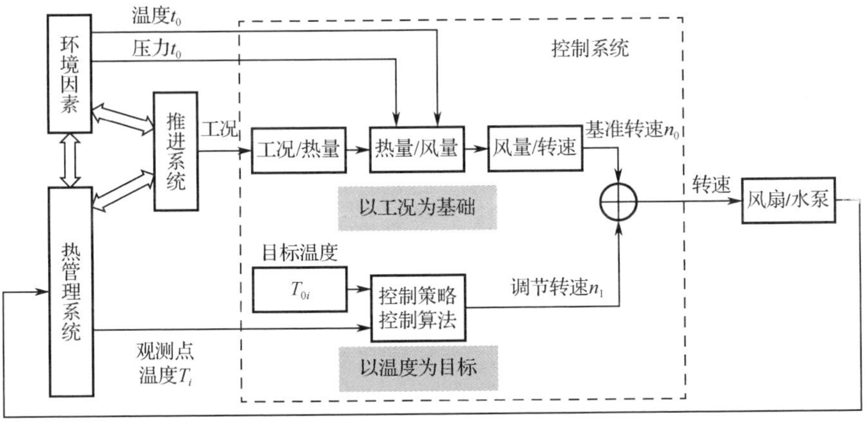

图 6-7 热管理系统综合控制策略原理图

前馈控制"以工况为基础"的控制原理：控制单元实时获取热管理系统中热源部件的工况，确定系统干扰量，并根据前馈控制预测 MAP 确定操控量（风扇/水泵）的基本转速。

反馈控制"以温度为目标"的控制原理：控制单元实时监测观测点（散热器入口）温度，并根据热管理控制系统算法计算操控量的调节转速，最后通过基准转速和调节转速共同确定操控量的目标转速。

6.2　自适应控制方案

6.2.1　单目标控制方案

单目标控制方案是以热管理系统中某处温度作为目标，采取不同控制策略进行控制的方案。对于单目标控制方案，一般选取系统中最重要的目标温度进行控制，如散热器入口冷却液温度、柴油机本体出口冷却液温度等。这里以某型高低温双循环热管理系统为例，介绍两种采用综合控制策略的单目标控制方案，控制系统以高低温双循环中高低温系统的散热器入口温度作为控制目标，以系统工况作为干扰量，以风扇和水泵作为被控对象。

1）电控风扇及电控水泵的单目标控制方案

在该控制方案中，水泵和风扇均由电动机驱动，可自主调速。其中，风扇采用前馈控制器提供基准转速，同时根据高温散热器入口冷却液温度的变化进行反馈调节；水泵由前馈控制器提供基准转速，同时根据散热器入口冷却液温度的变化进行反馈调节，如图 6-8 所示。

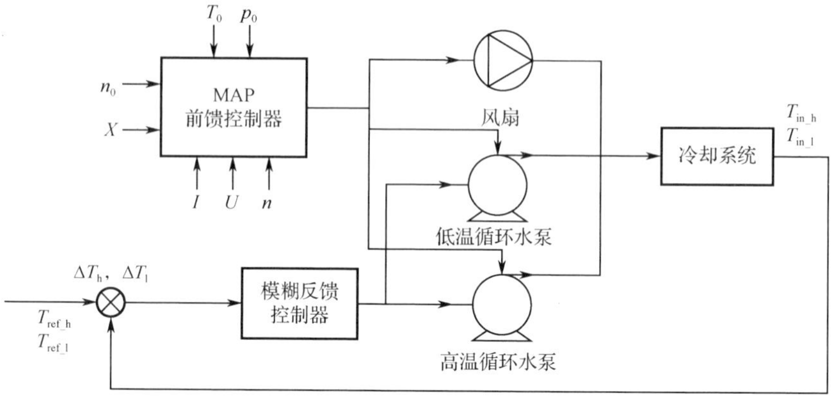

图 6-8　电控风扇及电控水泵的控制原理

如图 6-9 所示，高、低温循环均以散热器入口冷却液温度为控制目标，同时监测各热源部件出口冷却液温度，在各热源部件出口冷却液温度超出正常工作范围时进行干预控制，直至热源部件出口冷却液温度达到正常工作范围。

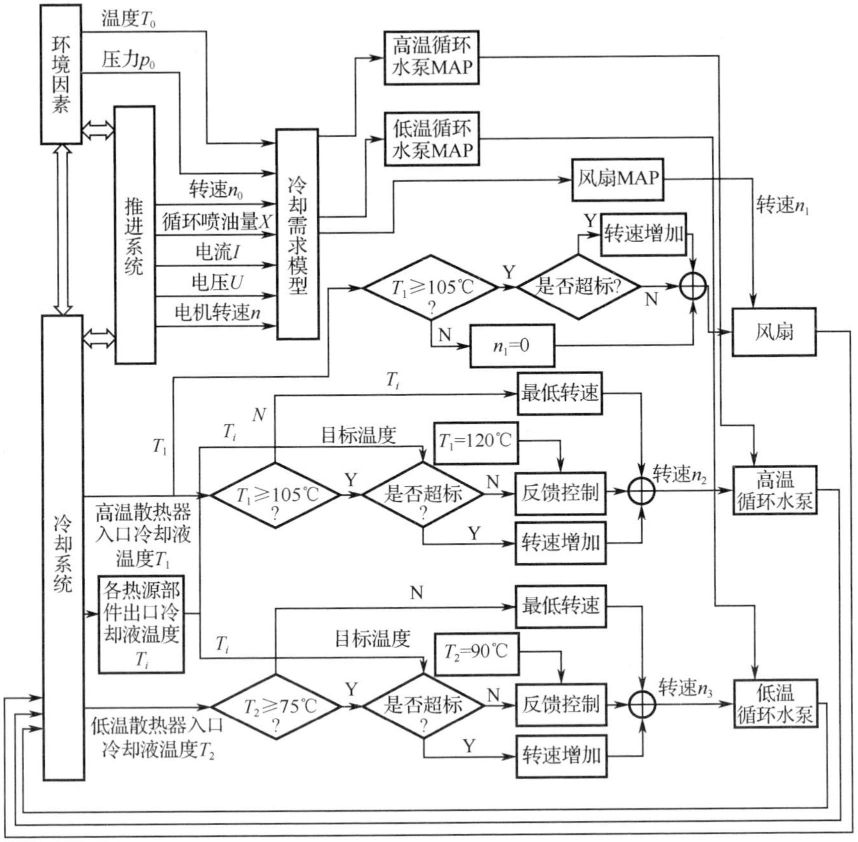

图 6-9 电控风扇及电控水泵的控制逻辑图

2）电控风扇及机械水泵的单目标控制方案

在该控制方案中，水泵由柴油机直接驱动，风扇由电动机驱动，可独立调速，当工况发生变化时，由前馈控制器根据 MAP 控制表输出风扇转速，同时由反馈控制器根据散热器入口冷却液温度（根据不同的权值综合考虑高、低温散热器入口冷却液温度）进行反馈调节，如图 6-10 所示。

如图 6-11 所示，高、低温循环均以散热器入口冷却液温度为控制目标，同时监测各热部件出口冷却液温度，在各热部件出口冷却液温度超出正常工作范围时进行干预控制，直至热部件出口冷却液温度达到正常工作范围。

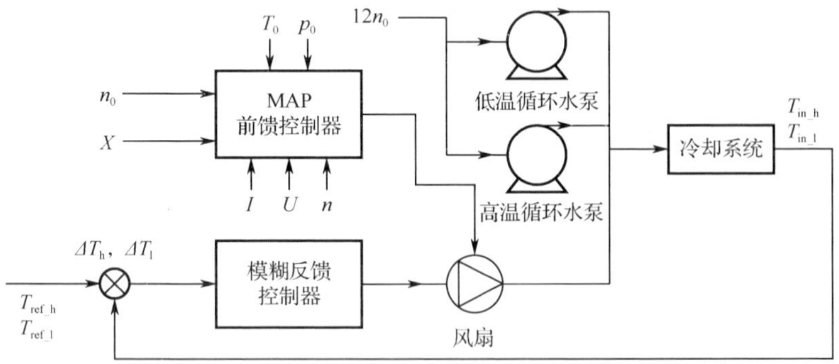

图 6-10　电控风扇及机械水泵的控制原理

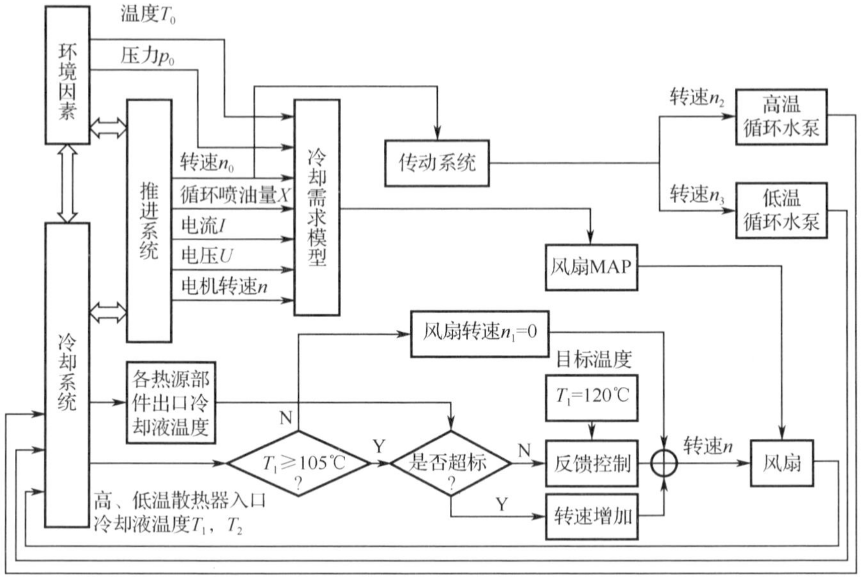

图 6-11　电控风扇及机械水泵的控制逻辑图

6.2.2　多目标控制方案

多目标控制方案采用多点反馈控制，即检测各热源部件出口和高、低温散热器入口的冷却液温度，作为反馈信号，通过综合目标函数，对风扇、水泵进行反馈调节。该控制方案可以综合考虑各热源部件的冷却强度。

同样以某高低温双循环热管理系统为例，水泵由柴油机直接驱动，风扇采用电动机驱动，可独立调速。如图 6-12 所示，高、低温循环均以散热器入口冷却液温度为控制目标，同时监测各热源部件出口冷却液温度，并基于综合目标函数进行反馈控制，直至热源部件出口冷却液温度达到正常工作范围。

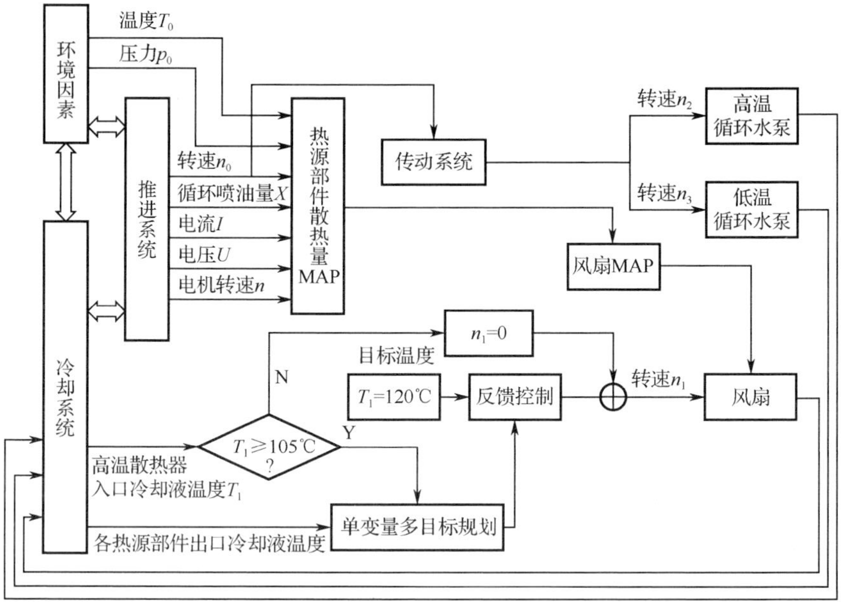

图 6-12　电控风扇及机械水泵多目标控制方案的控制逻辑图

6.3　自适应控制算法

6.3.1　前馈控制算法

前馈控制一般采取寻表（MAP）插值的方式，其计算量小、速度快，对于热管理系统而言，前馈控制 MAP 的计算实质上是计算风扇和水泵的最优匹配转速，属于有约束条件的非线性优化问题，其优化目标是水泵和风扇的总功耗达到最低，约束条件是满足各循环的散热需求。图 6-13～图 6-15 所示为某型热管理系统中水泵和风扇的前馈控制 MAP，其输入为散热器入口空气温度和各部件的散热量之和，输出分别为高、低温循环水泵转速和风扇转速。

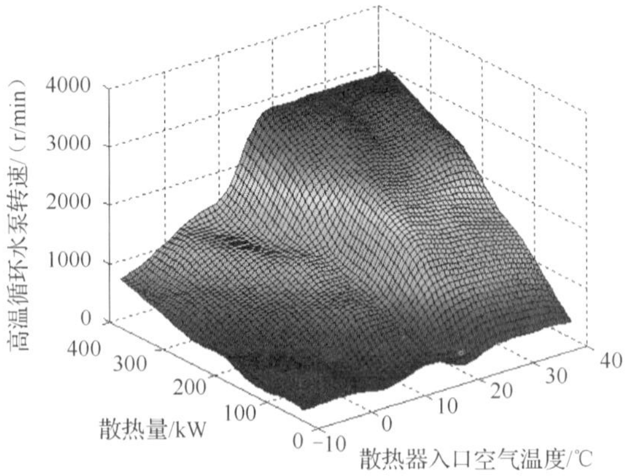

图 6-13　高温循环水泵前馈控制 MAP

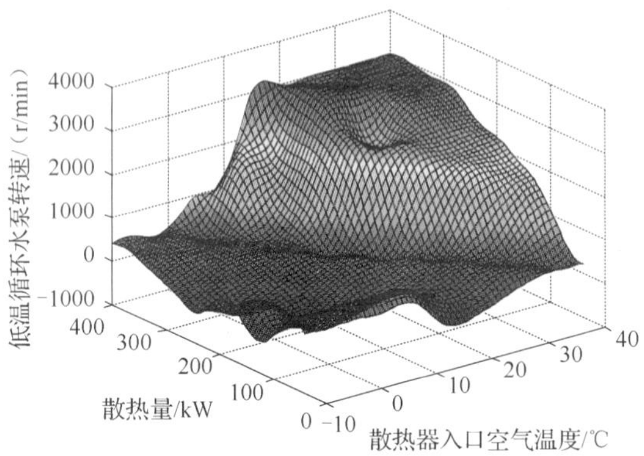

图 6-14　低温循环水泵前馈控制 MAP

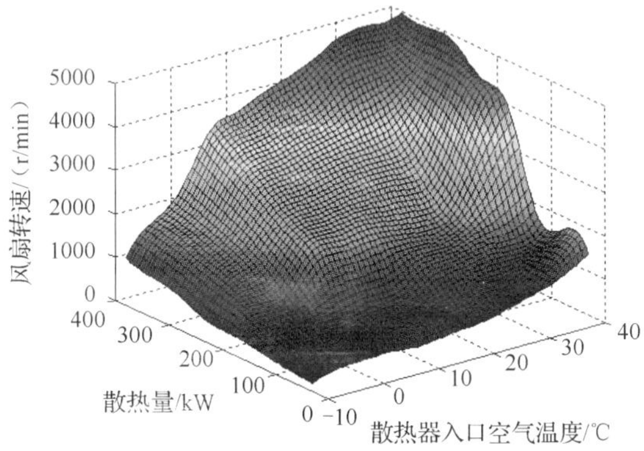

图 6-15　风扇前馈控制 MAP

6.3.2 反馈控制算法

反馈控制采用的算法较多，根据热管理系统的特点，这里以控制精度、系统功耗及系统收敛时间为目标，通过建立电控风扇及电控水泵控制系统仿真模型（见图 6-16）对模糊控制、PID 控制和遗传 3 种算法进行比较。

1）模糊控制算法

设计模糊控制规则表，见表 6-1。模糊逻辑推理控制器输出特性曲面如图 6-17 所示，建立模糊反馈控制器（见图 6-18）。

表 6-1 模糊控制规则表

U		*E*						
		NB	NM	NS	Z0	PS	PM	PB
Δ*E*	NB	NB	NB	NM	NS	NS	PS	Z0
	NS	NB	NB	NM	NS	Z0	PS	PM
	Z0	NB	NM	NS	Z0	PS	PM	PB
	PS	NM	NS	Z0	PS	PM	PB	PB
	PB	Z0	PS	PS	PM	PM	PB	PB

采用车辆某种工况变化过程进行仿真研究，分别得到高、低温散热器入口的冷却液温度变化情况，如图 6-19 和图 6-20 所示。

2）PID 控制算法

建立 PID 反馈控制器，如图 6-21 所示。采用与模糊控制相同的工况变化进行仿真计算，分别得到高、低温散热器入口的冷却液温度变化情况，如图 6-22 和图 6-23 所示。

3）遗传算法

根据遗传算法的思想和步骤，建立遗传算法反馈控制器，如图 6-24 所示。

采用与模糊控制相同的工况变化进行仿真计算，分别得到高、低温散热器入口的冷却液温度变化情况，如图 6-25 和图 6-26 所示。

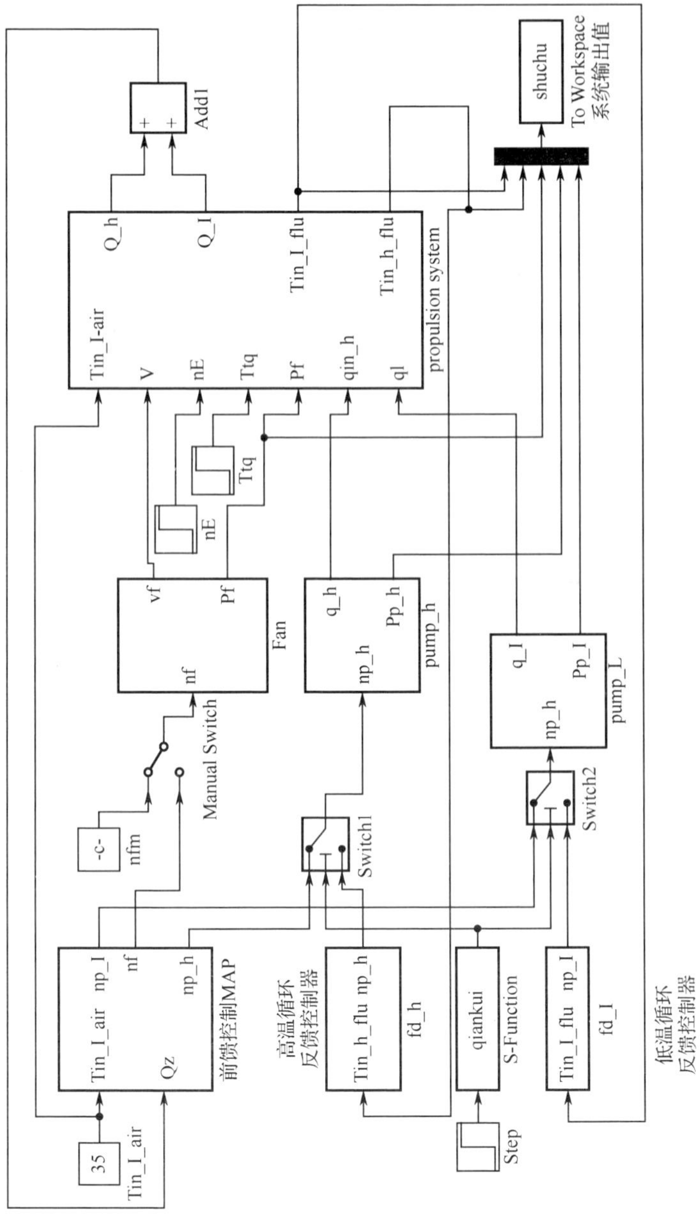

图 6-16　电控风扇及电控水泵控制系统仿真模型

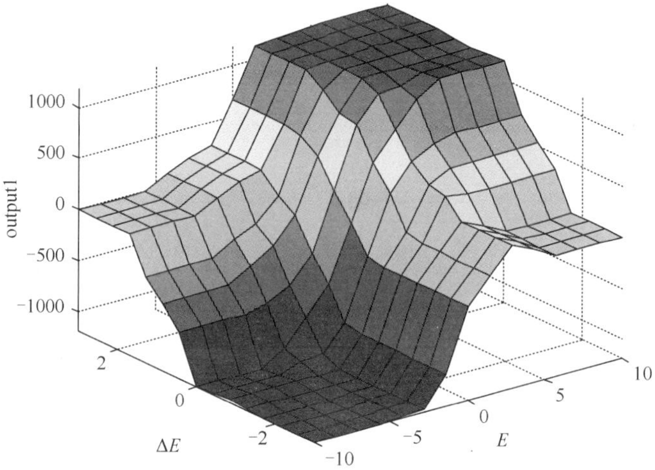

图 6-17　模糊逻辑推理控制器输出特性曲面

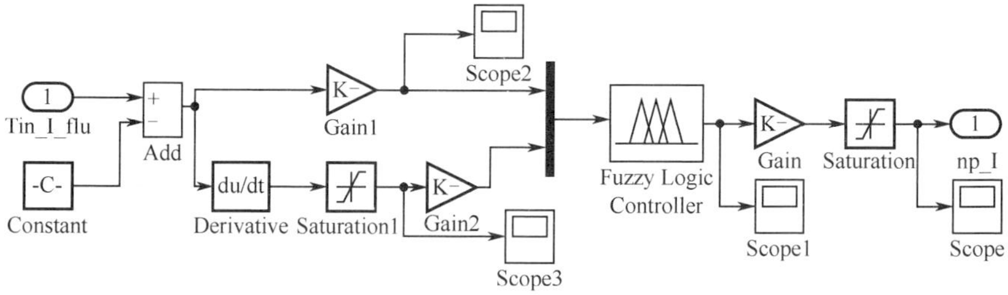

图 6-18　模糊反馈控制器

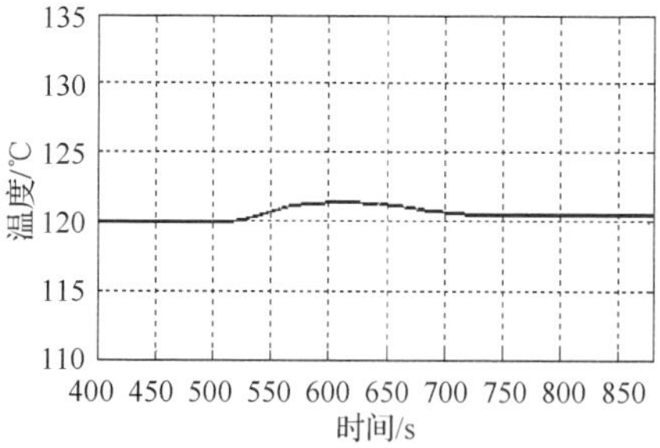

图 6-19　高温散热器入口的冷却液温度变化情况（模糊控制算法）

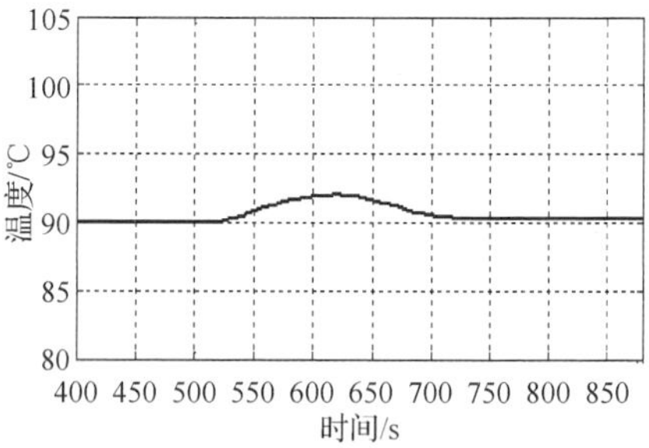

图 6-20　低温散热器入口的冷却液温度变化情况（模糊控制算法）

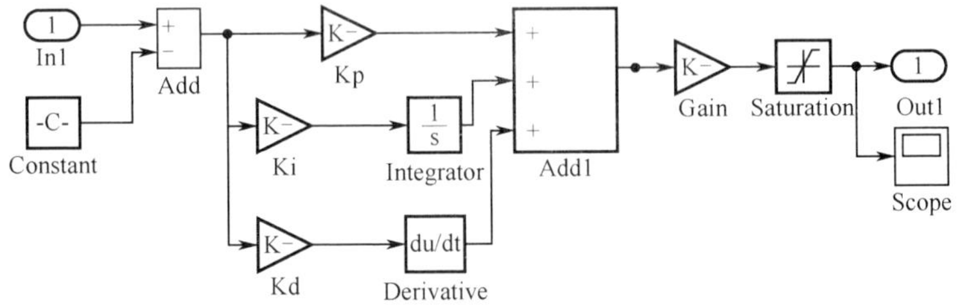

图 6-21　PID 反馈控制器

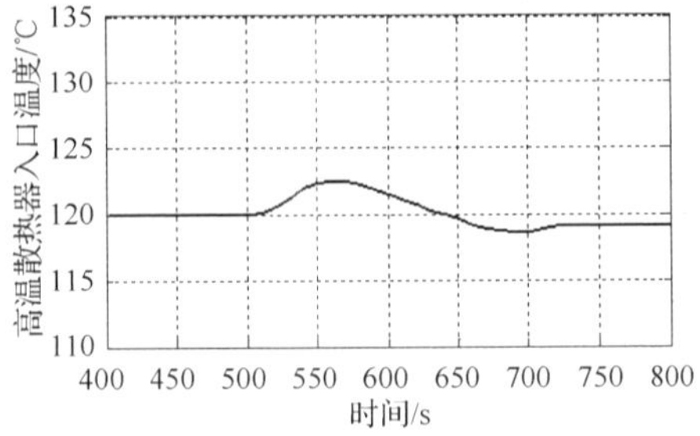

图 6-22　高温散热器入口的冷却液温度变化情况（PID 控制算法）

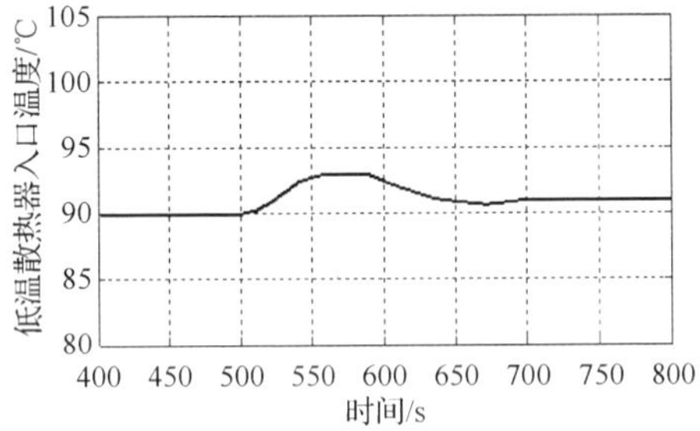

图 6-23　低温散热器入口的冷却液温度变化情况（PID 控制算法）

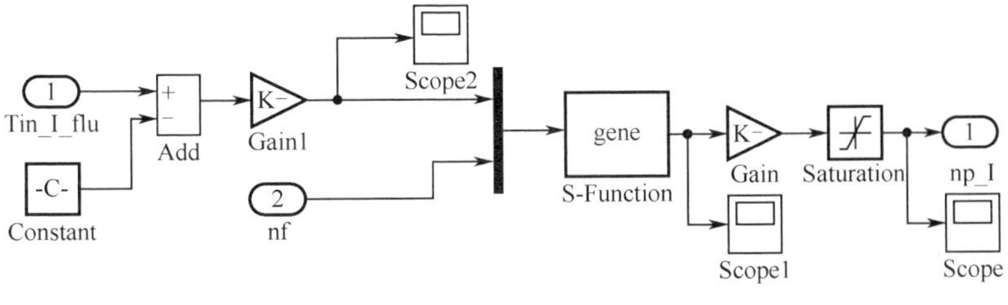

图 6-24　遗传算法反馈控制器

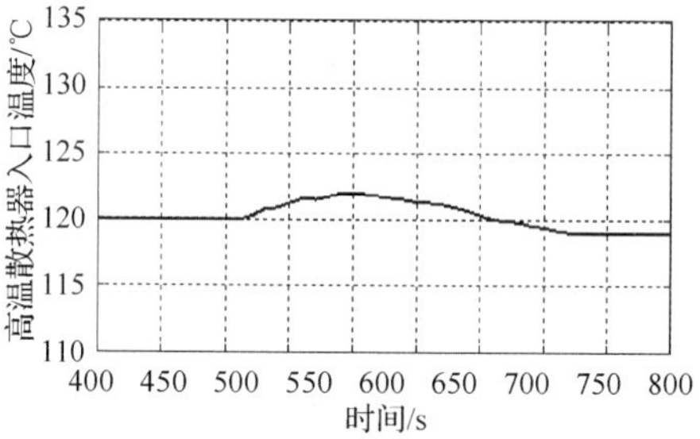

图 6-25 高温散热器入口的冷却液温度变化情况（遗传算法）

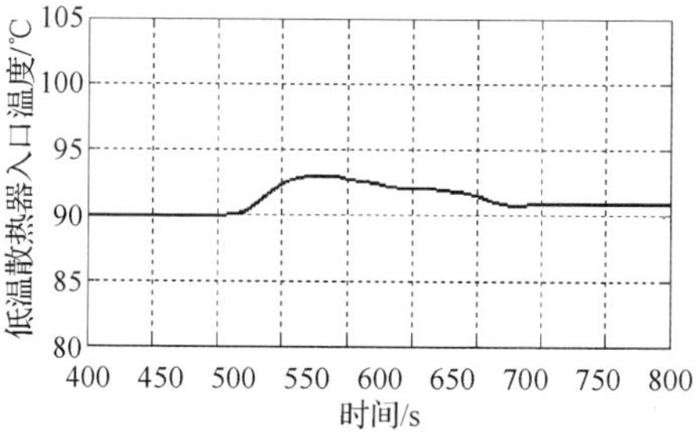

图 6-26 低温散热器入口冷却液温度变化情况（遗传算法）

综合上述研究结果，可以得到 3 种反馈控制算法的控制效果（见表 6-2）。在加入反馈调节的控制系统中，当采用 PID 控制算法时，系统的收敛时间缩短，但系统的最大偏差温度比另外两种算法大。模糊控制算法和遗传算法在系统稳定时间上基本一致，但是模糊控制算法的最大偏差温度比遗传算法小。

表 6-2 不同反馈控制算法的控制效果

反馈控制算法	最大偏差温度/℃		系统收敛时间/s		温度余差/℃	
	高温循环	低温循环	高温循环	低温循环	高温循环	低温循环
PID 控制算法	2.5	3	220	210	-0.8	1
模糊控制算法	1.5	2	270	260	0.8	0.6
遗传算法	2	3	280	260	-1	0.8

6.3.3 综合控制分析

采用前馈控制与反馈控制相结合的方式，能够综合前馈控制和反馈控制的优点，使系统的收敛时间、控制精度得到优化。

1．单目标综合控制

采用该种控制方式的热管理系统使用机械水泵，依据水泵特性，取其与柴油机转速传动比为 1.2；依据散热器散热量与冷却液流量、冷却空气流量和液气温差相关，确定风扇转速控制 MAP，如图 6-27 所示。风扇转速反馈控制采用模糊控制算法，模糊控制规则表在 MATLAB 程序中以规则语句的形式出现，模糊逻辑推理输出特性曲面如图 6-28 所示。基于 MATLAB/Simulink 软件建立模糊反馈控制仿真模型，如图 6-29 所示。仿真试验时的工况变化与上一节反馈控制算法中的一致，仿真结果如图 6-30 和图 6-31 所示，水泵和风扇的转速及功耗见表 6-3。

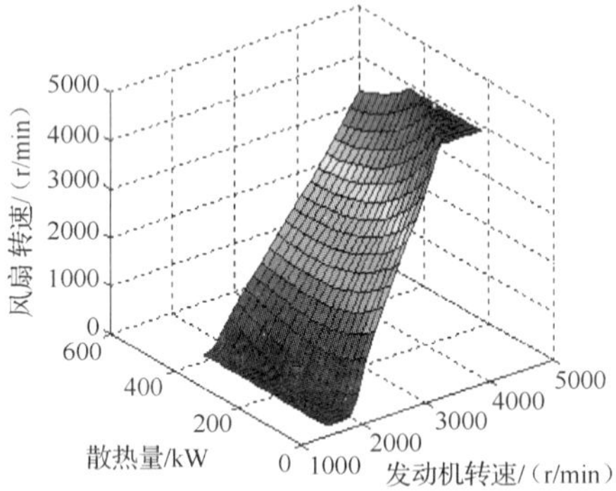

图 6-27　风扇转速控制 MAP

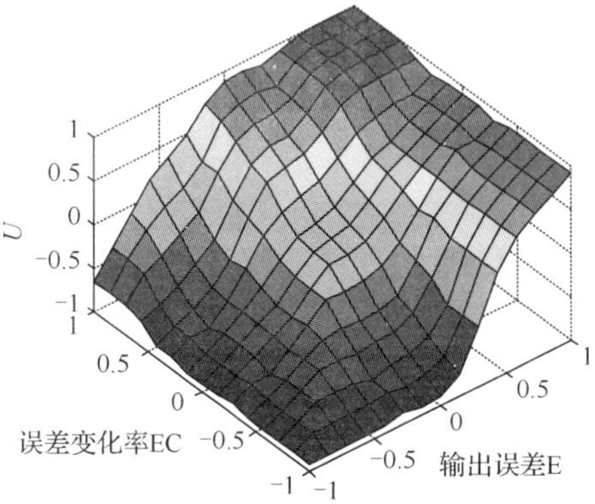

图 6-28　模糊逻辑推理输出特性曲面

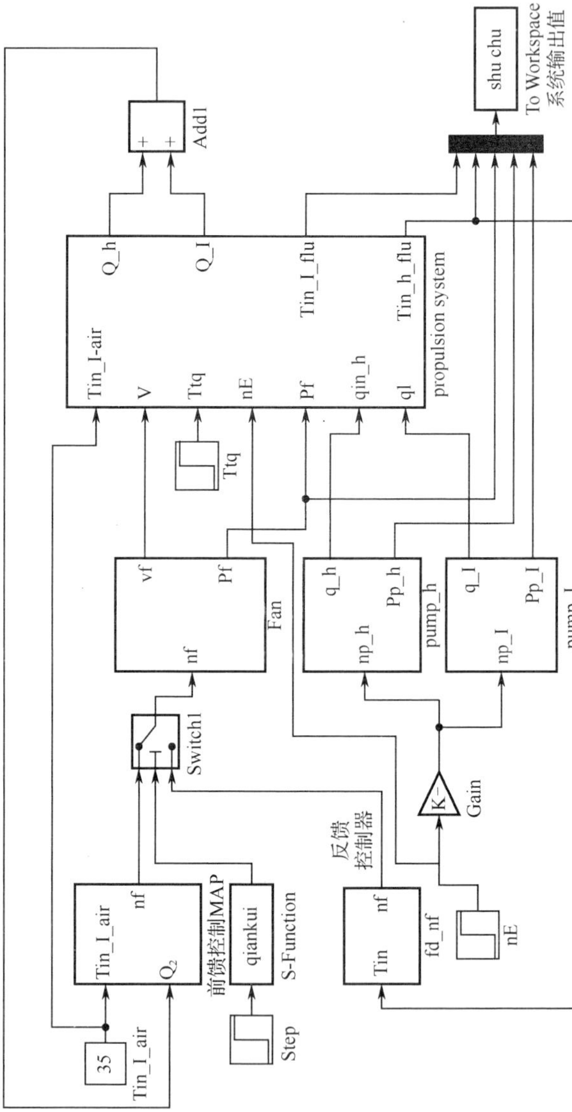

图 6-29 电控风扇及机械水泵控制系统仿真模型

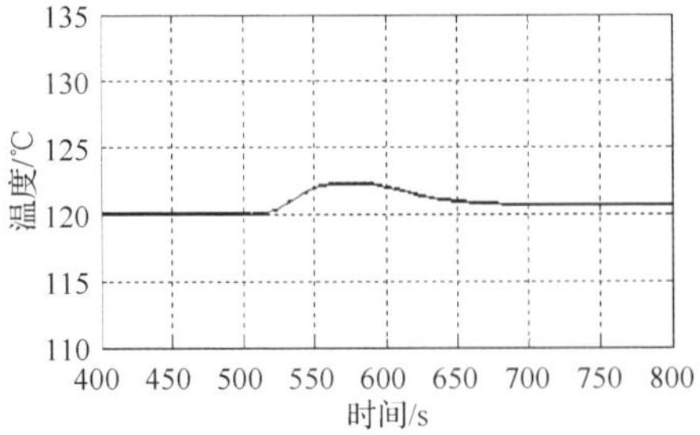

图 6-30　高温散热器入口的冷却液温度变化情况

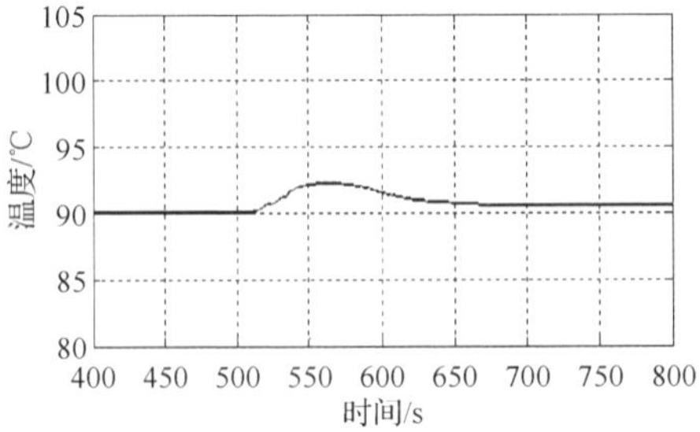

图 6-31　低温散热器入口的冷却液温度变化情况

表 6-3　水泵和风扇的转速及功耗

阶　　段	高温水泵/（r/min）	低温水泵/（r/min）	风扇/（r/min）	功耗之和/kW
工况变化前	4440	4440	4828	112.52
工况变化后	2880	2880	4122	66.82

2. 多目标综合控制

与单目标综合控制方式一致，采用多目标综合控制方式的热管理系统也使用机械水泵，水泵与柴油机转速传动比为 1.2。风扇反馈控制以热管理系统中的 13 个热源为目标（见图 6-32），以综合目标函数作为模糊控制输入，以风扇转速作为输出。由于不同热源部件的目标温度不同，并且操控变量只有风扇转速，因此依据多个观测点温度调节风扇转速的过程是一个复杂的单变量多目标动态规划问题。

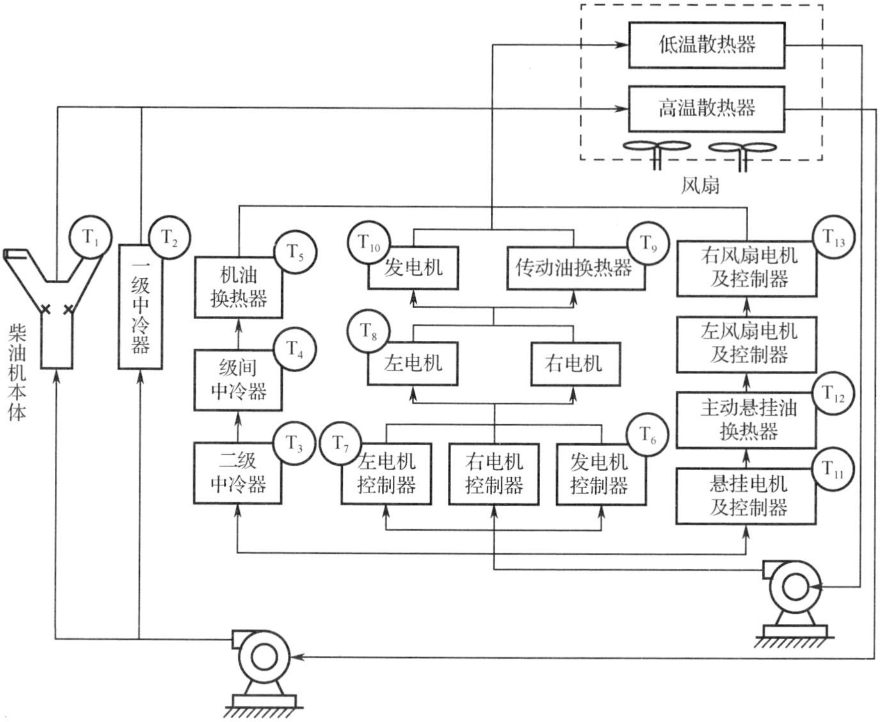

图 6-32　热源部件温度状态反馈节点位置分布

1）综合控制的目标函数

对于每个观测点，目标温度范围的不同导致各热源部件有不同的目标函数，因而需要将这些目标函数进行标准化处理。以柴油机本体出口冷却液温度的目标函数为例，记 $x = N(t)$ 为风扇实时转速（操控量），最佳温度范围为（$T_{\rm a1}^{\rm L}, T_{\rm a1}^{\rm H}$），允许温度范围为（$T_{\rm b1}^{\rm L}, T_{\rm b1}^{\rm H}$），则存在以下情况：

当 $T_{\rm b1}^{\rm L} \leqslant T_{\rm lout1}(t) < T_{\rm a1}^{\rm L}$ 时，

$$\begin{aligned} f_1'(x,t) &= -0.5 + \frac{T_{\rm lout1}(t) - T_{\rm a1}^{\rm L}}{2(T_{\rm a1}^{\rm L} - T_{\rm b1}^{\rm L})} \\ &= -0.5 + \frac{T_{\rm lout1}(t) - 115}{2(115 - 40)} \\ &= -0.5 + \frac{T_{\rm lout1}(t) - 115}{150} \end{aligned} \tag{6-6}$$

即 $f_1'(x,t) \in [-1, -0.5)$；

当 $T_{\rm a1}^{\rm L} \leqslant T_{\rm lout1}(t) < T_{\rm g1}$ 时，

$$f_1'(x,t)=\frac{T_{\mathrm{lout1}}(t)-T_{\mathrm{g1}}}{2(T_{\mathrm{g1}}-T_{\mathrm{a1}}^{\mathrm{L}})}=\frac{T_{\mathrm{lout1}}(t)-120}{10} \tag{6-7}$$

即 $f_1'(x,t)\in[-0.5,0)$；

当 $T_{\mathrm{g1}}\leqslant T_{\mathrm{lout1}}(t)<T_{\mathrm{a1}}^{\mathrm{H}}$ 时，

$$f_1'(x,t)=\frac{T_{\mathrm{lout1}}(t)-T_{\mathrm{g1}}}{2(T_{\mathrm{a1}}^{\mathrm{H}}-T_{\mathrm{g1}})}=\frac{T_{\mathrm{lout1}}(t)-120}{4} \tag{6-8}$$

即 $f_1'(x,t)\in[0,0.5]$；

当 $T_{\mathrm{a1}}^{\mathrm{L}}<T_{\mathrm{lout1}}(t)\leqslant T_{\mathrm{b1}}^{\mathrm{L}}$ 时，

$$f_1'(x,t)=0.5+\frac{T_{\mathrm{lout1}}(t)-T_{\mathrm{a1}}^{\mathrm{H}}}{2(T_{\mathrm{b1}}^{\mathrm{H}}-T_{\mathrm{a1}}^{\mathrm{H}})}=0.5+\frac{T_{\mathrm{lout1}}(t)-120}{6} \tag{6-9}$$

即 $f_1'(x,t)\in(0.5,1]$。

根据上述计算过程，柴油机本体出口冷却液温度目标函数 $f_1'(x,t)$ 的允许范围为$[-1,1]$，最佳范围为$[-0.5,0.5]$，$|f_i'(x,t)|=0$ 为控制目标。

其余目标函数为 $f_i'(x,t)\ (i=1,2,\cdots,13)$，因此，热管理系统控制问题的数学表达式为

$$P_i(t)=\begin{cases}\min|f_i(x,t)|\ ,i=1,2,\cdots,13\\ g_j(x,t)\geqslant 0\ \ ,j=1,2,\cdots,m\end{cases} \tag{6-10}$$

式中，$g_j(x,t)$ 为系统中的流动与传热过程的守恒关系式，包含质量守恒方程、能量守恒方程等。

对于多目标规划问题，采用加权平均等算法将多目标问题转换为单目标问题进行求解是目前通用的方法。利用该方法求解单变量多目标问题的关键是确定目标函数的加权系数。在热管理系统中，记部件的加权系数为 ω_i（对应第 i 个热源部件的目标函数），则可得综合目标函数为

$$f_0'(x,t)=\sum_{i=1}^{n}\omega_i f_i'(x,t) \tag{6-11}$$

式中，ω_i 为加权系数；i 为热源部件序号，$i=1,2\cdots13$。

根据车辆热管理系统的特点，可以采用相对比较赋权法确定各目标函数的加权系数。比较赋权时，可以将热源部件按冷却温度对热源部件

的重要程度、热源部件正常工作温度范围及热源部件在结构方案中的相对位置等指标进行评分，并对目标函数进行标准化处理，最终获得综合目标函数。如图 6-33 所示，根据前馈仿真过程中各观测点温度计算得到的综合目标函数变化曲线反映了观测点温度变化的趋势，加权系数大的观测点温度变化对综合目标值的影响更为明显。

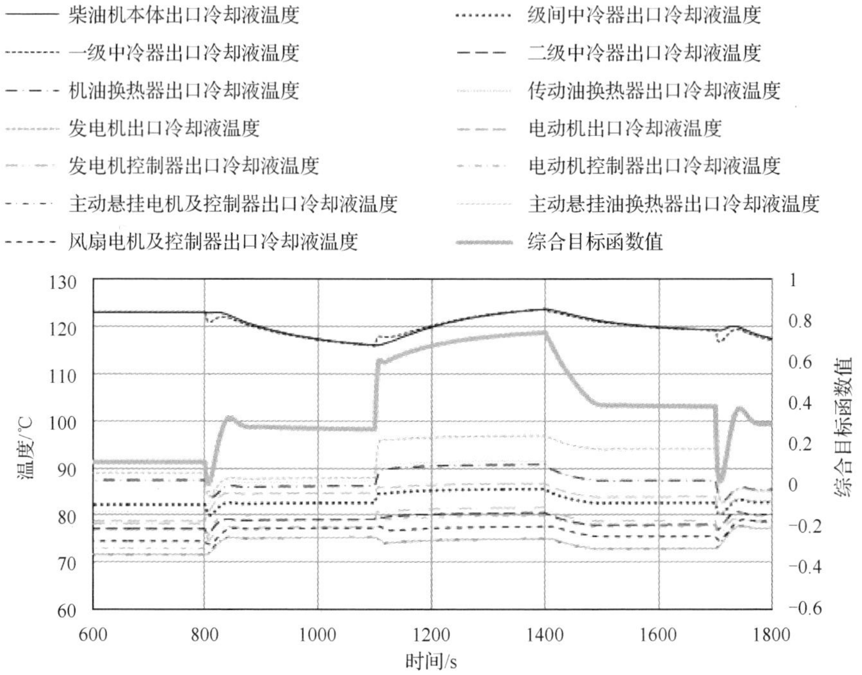

图 6-33　综合目标函数变化曲线

2）基于综合目标函数的控制

选择模糊控制算法作为反馈控制对多目标综合控制进行分析，基于综合目标函数的模糊控制（见图 6-34），以经过单变量多目标规划获得的综合目标函数作为输入，以风扇转速作为输出，进行热管理系统的反馈控制，其直接目标是使综合目标函数为零。

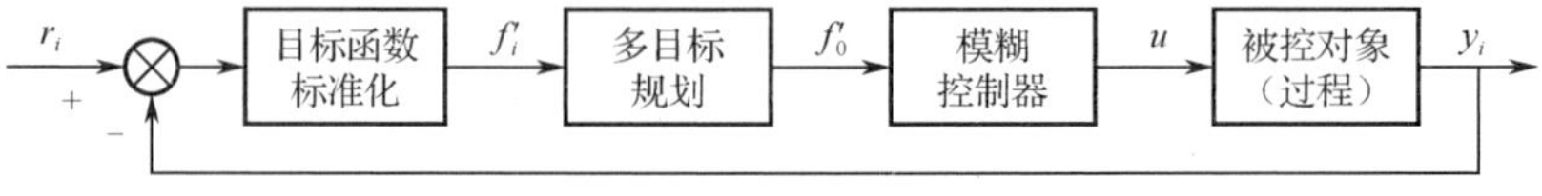

图 6-34　基于综合目标函数的模糊控制

热管理模糊控制器输入变量和输出变量的模糊子集见表 6-4，模糊控制规则表见表 6-5。

表 6-4　热管理模糊控制器输入变量和输出变量的模糊子集

变量名称	模糊论域	变量模糊子集	隶属度函数	模糊子集拐点参数
输入变量 e	[-1,1]	D（低）	高斯型	[0.2 -1]
		JD（较低）		[0.2 -0.6]
		ZERO（正好）		[0.2 0]
		JG（较高）		[0.2 0.6]
		G（高）		[0.2 1]
输入变量 ec	[-1,1]	KJ（快降）	高斯型	[0.2 -1]
		J（降）		[0.2 -0.6]
		ZERO（稳定）		[0.2 0]
		S（升）		[0.2 0.6]
		KS（快升）		[0.2 1]
输出变量 u	[-1,1]	KJ（快减）	三角形	[-1.5 -1 -0.5]
		JS（减速）		[-1 -0.5 0]
		ZERO（不变）		[-0.5 0 0.5]
		ZS（增速）		[0 0.5 1]
		KZ（快增）		[0.5 1 1.5]

表 6-5　模糊控制规则表

EC	*E*				
	D（低）	JD（较低）	ZERO（正好）	JG（较高）	G（高）
KJ（快降）	KJ	KJ	KJ	ZS	KZ
J（降）	KJ	JS	JS	ZS	KZ
ZERO（稳定）	KJ	JS	ZERO	ZS	KZ
S（升）	KJ	JS	ZS	KZ	KZ
KS（快升）	KJ	ZS	KZ	KZ	KZ

模糊控制器输出量曲面观测图（见图 6-35）反映了模糊控制器输入

与输出的关系。

模糊控制在应用中仍存在一些不足，其中较为主要的问题是如何消除模糊控制的余差。模糊控制只具有与比例和微分控制相似的功能，其在本质上不能消除系统的余差，因此可以在模糊控制的应用中引入积分的作用。积分器的引入通常会改变系统的动态特性，也可能引起系统的极限环振荡，因此，如何加入积分作用是消除余差的难点。在几种带积分作用的模糊控制器中，偏差直接积分后并到输出端的模糊控制器能够消除系统余差，并能避免极限环现象的出现；另一种与引入积分作用不同的方法是余差放大法。余差放大法中的论域缩小逼近法将余差放大，并利用原有的模糊控制规则进行二次控制，从而逐渐减小余差。论域缩小逼近法的本质是减小余差而不是消除余差，在工程应用中往往通过一次或两次论域缩小即可将余差降至与系统噪声同数量级的水平，该方法的优点是能保持模糊控制的特性。

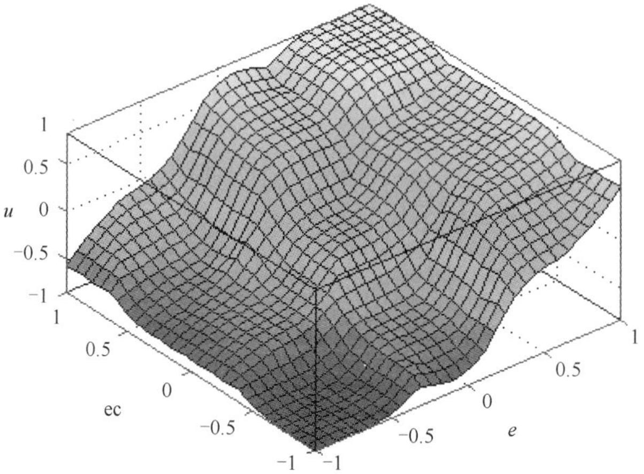

图 6-35　模糊控制器输出量曲面观测图

偏差直接积分后并到输出端的模糊控制器如图 6-36 所示，其控制量 u 的表达式为

$$u = u_i + u_{\mathrm{f}} \tag{6-12}$$

考虑二阶惯性加纯滞后的对象：

$$G(s) = \frac{2e^{-10s}}{(10s+1)(6s+1)} \tag{6-13}$$

论域缩小逼近法的论域缩小过程如图 6-37 所示，即在原模糊控制的论域中心，按需要（通常为矩形，面积为原论域的 1/5～1/4）划定中心论域，并将中心论域按原论域细化。例如，原论域为 $E\in[-a,a]$，$\mathrm{EC}\in[-b,b]$，划定中心论域为 $E'\in[-a',a']=\left[-\frac{1}{2}a,\frac{1}{2}a\right]$，$\mathrm{EC}'\in[-b',b']=\left[-\frac{1}{2.5}b,\frac{1}{2.5}b\right]$，则新论域面积为原论域的 1/5。

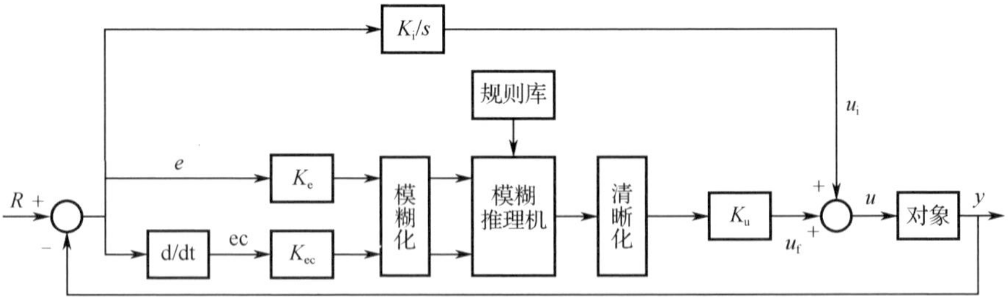

图 6-36　偏差直接积分后并到输出端的模糊控制器

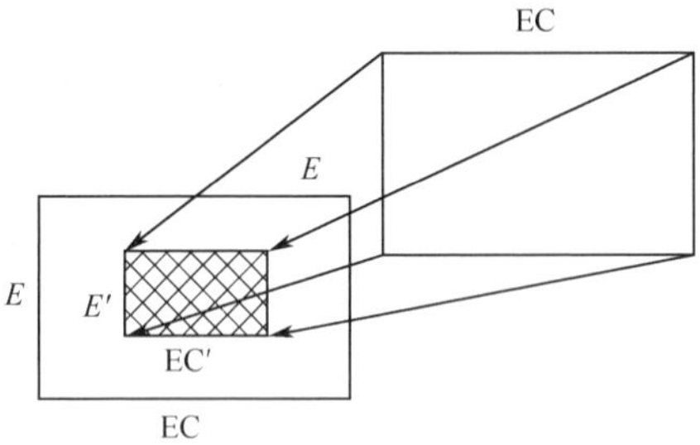

图 6-37　论域缩小过程

缩小论域后的模糊控制中原属于中心论域内的输入变量 (e,ec) 与其对应论域的比例因子变为

$$K_{\mathrm{e}}'=\frac{a}{a'}K_{\mathrm{e}} \tag{6-14}$$

$$K_{\mathrm{ec}}'=\frac{b}{b'}K_{\mathrm{ec}} \tag{6-15}$$

由于系统输出在首次模糊控制时已经进入小论域范围，第二次控制时的调节强度需要低于首次调节强度，因此比例因子需要小于 K_{u}，通常取

$$K_{\mathrm{u}}'=(0.5\sim0.8)K_{\mathrm{u}} \tag{6-16}$$

利用建立的模糊控制器进行控制仿真，采取 3 种不同的模糊控制余差消除方法所得的阶跃响应曲线如图 6-38 所示。

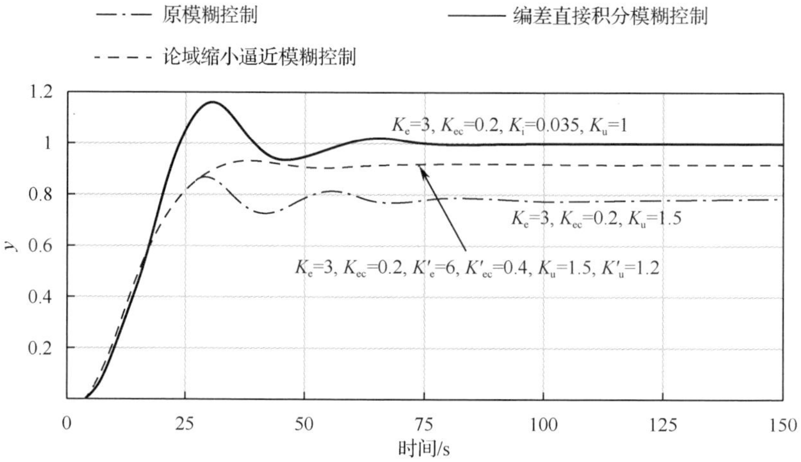

图 6-38　3 种模糊控制余差消除方法的阶跃响应曲线对比

由图 6-38 可知，模糊控制本身存在一定的余差，通过论域缩小逼近的方法可以减小余差，但不能消除余差，而采用偏差直接积分后并到输出端的方法尽管存在一定程度的超调，但是能够消除偏差，使控制精度更高。因此，可以在热管理系统控制中引入偏差直接积分后并到输出端的方法进行模糊控制，以提高热管理精度。

3）控制效果

基于相同工况变化进行系统综合控制仿真研究，各热源部件出口冷却液温度变化曲线如图 6-39 和图 6-40 所示。

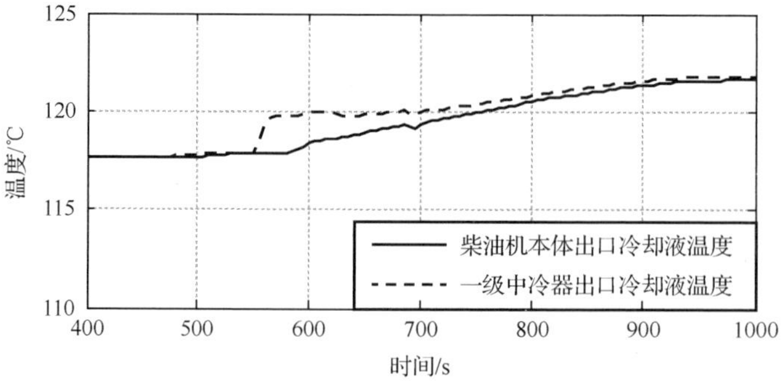

图 6-39　高温循环部件出口冷却液温度

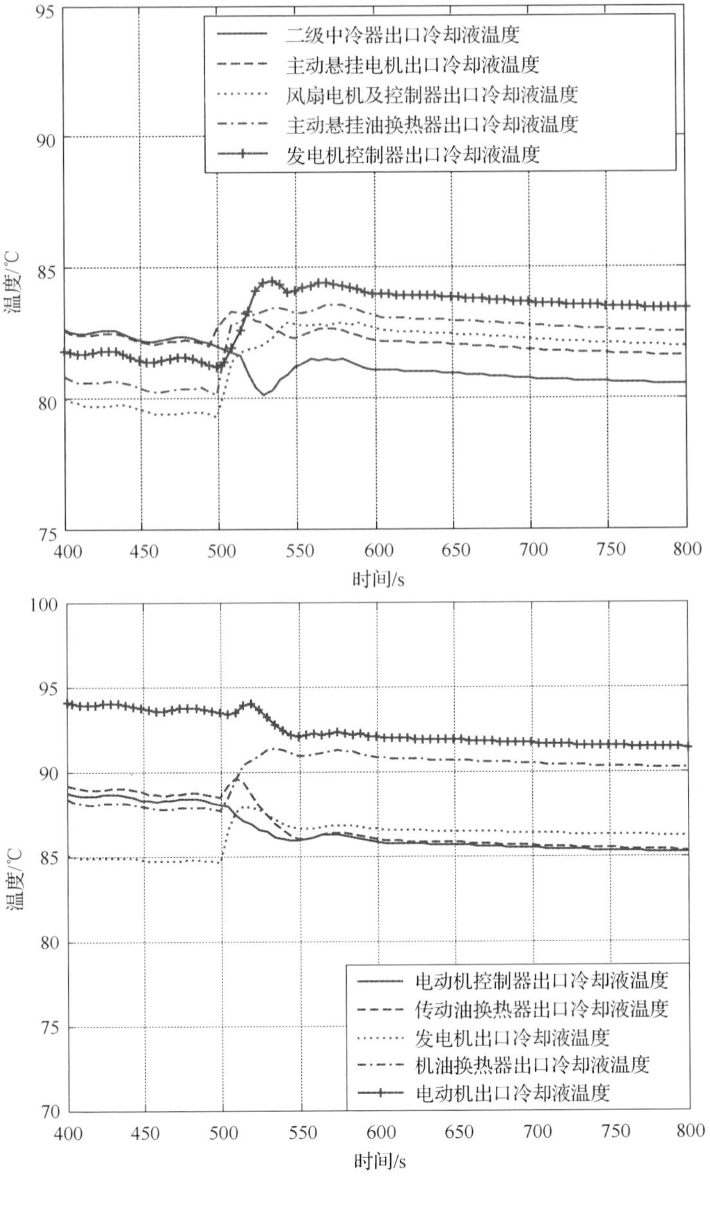

图 6-40　低温循环部件出口冷却液温度

3. 对比分析

上述两种控制方式的仿真结果对比见表 6-6，多目标综合控制相比于单目标综合控制，由于涉及的热源多，控制精度较差，但其能够考虑所有热源部件的散热需求，在进行控制方案设计时，可以综合热源部件的特点进行选择。

表 6-6　不同控制方式的控制效果

控制方式	最大偏差温度/℃		系统稳定时间/s	
	高温散热器入口	低温散热器入口	高温循环	低温循环
单目标综合控制	2.3	2.3	180	160
多目标综合控制	4.0	3.9	350	270

6.4　控制系统的硬件技术

6.4.1　传感器

热管理系统工作时，需要用到热源部件的工况状态参数、热状态信号参数、压力及流量流速信号参数等。对于工况状态参数，可以由整车控制器通过 CAN 总线传给热管理控制器；对于热状态信号参数，如果在其他子系统中已经被测量，则可通过 CAN 总线获取，若未测量，则需要在热管理系统中测量。

1）温度传感器

热状态信号参数可以由温度传感器测量，温度传感器按测温方式可分为接触式和非接触式两大类[68]。接触式中的热电阻型温度传感器利用导体或半导体的电阻值随温度的变化特性来测量温度。热电阻型温度传感器具有准确度高、灵敏度高、测量范围广且无须参考点等特性。热管理系统中的油温、水温与气温的范围为-50～300℃（属于较低温区）。在常温和较低温区范围内，热电阻型温度传感器具有较好的测量精度。常用的热电阻型温度传感器有 PT100、PT1000 等。一般的安装方式是在测量位置焊接副座，定制规格的传感器与副座之间采用螺纹连接与密封。图 6-41 所示为 PT1000 热电阻型温度传感器。

2）压力传感器

压力传感器按压敏元件特性分为谐振式、压阻式、压电式、电容式及应变式等。利用半导体材料压阻效应制成的压阻式传感器，具有分辨率高、动态响应好等特点，其中以扩散硅为压敏元件的压阻式传感器具有工作可靠、性能稳定、安装使用方便及性价比高等特点，在各种正、负压力测量中得到广泛应用。压力传感器主要由压敏元件、测量电路和过程连接件组成。压力传感器将测压元件感受到的气体、液体等压力参数转变成标准的电信号（如 4～20mA 电流或 0～5V 电压等）。

考虑到测量压力范围、测量精度、介质温度及安装空间等的要求，车辆热管理系统可以选用压力类型为表压、结构形式为航空插头型、精度等级为 0.1 级、温度范围为-50～180℃、测压范围为 0～1MPa、输出信号为 4～20mA 的耐高温压力传感器，如图 6-42 所示。

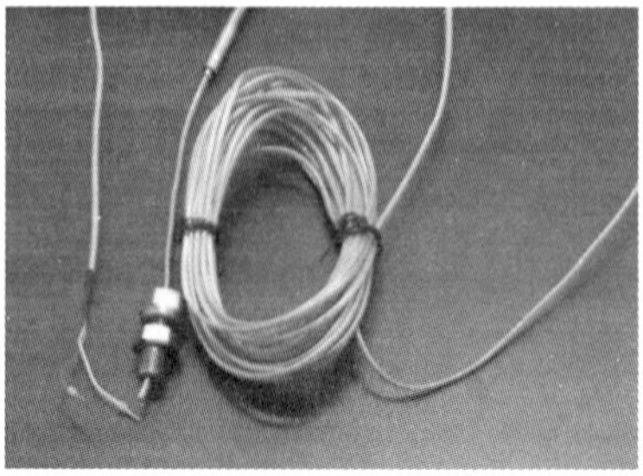

图 6-41　PT1000 热电阻型温度传感器

图 6-42　航空插头型压力传感器

3）液体流量传感器

根据流量测量方法的基本特点，液体流量传感器（流量计）可以分为容积型流量计、速度型流量计与质量型流量计。容积型流量计通过计量单位时间内被测流体充满或排出定容容器的次数来计算流量，其测量结果精度较高且受流动状态的影响较小，适合测量低雷诺数、高黏度的流体。速度型流量计有转子流量计、节流式流量计、电磁流量计、超声波流量计和涡轮流量计等，它通过测量流通截面上的流速或与流速有关的物理量来计算流量，使用性能良好，可以测量高温、高压流体流量。质量型流量计通过测量与流体质量有关的物理量来计算流量。

由于热管理系统冷却介质的流量测量的温度较高且要求流量计的压力损失小，可以采用容积型的涡街流量计。涡街流量计利用流体卡门旋涡原理进行流量测量，其内部无可动部件，具有测量范围宽、精度高、耐高温、耐高压、性能可靠等特点。某型涡街流量计的技术参数见表 6-7。

表 6-7 某型涡街流量计的技术参数

项　目	参　数	项　目	参　数
公称通径	DN35，DN50	精度等级	±1.0%，±2.0%
工作电压	24V DC	输出信号	4～20mA
环境温度	-40～+55℃	介质温度	-40～+350℃

4）空气流速传感器

空气流速传感器包括螺旋桨式传感器、风杯式传感器及热式传感器等，其中热式传感器又分为热膜式和热线式。热膜式风速仪采用几何尺寸及热惯性均较小的热膜为感应探头，可用于低风速、脉动风速及皮托管难以安装的场合，比较适用于车辆热管理系统。热膜式风速仪的技术参数见表 6-8。

表 6-8 热膜式风速仪的技术参数

项　目	参　数	项　目	参　数
测量范围	0.05-30m/s	精度等级	±（2%u±0.05）m/s
工作电压	12～24V DC	输出信号	4～20mA
环境温度	0～50℃	空气湿度	0～95%

注：u 为实际风速。

6.4.2 控制单元

热管理系统的控制单元主要实现系统参数的采集、计算及控制信号的输出，由于热管理系统的信号参数多、种类多，对信号采集及输出通道均有很高要求。如图 6-43 所示，某型车辆热管理系统的控制单元以单片机为核心，单片机上集成了片上存储器 EEPROM、RAM 和 FLASH，以及 2 个 SCI 模块、3 个 SPI 模块、1 个 IIC 模块、5 个 CAN 2.0A/B 模块、1 个 8 通道 ETC 模块、2 个 8 通道 10 位 A/D 转换模块、1 个 8 通道 PWM 模块等。根据热管理系统需求，单片机扩展了 RS232、RS485 和 CAN 总线接口。其中，RS232 接口用于程序调试，RS485 接口用于信号采集，CAN 总线接口用于与车载计算机及其他子控制单元通信。

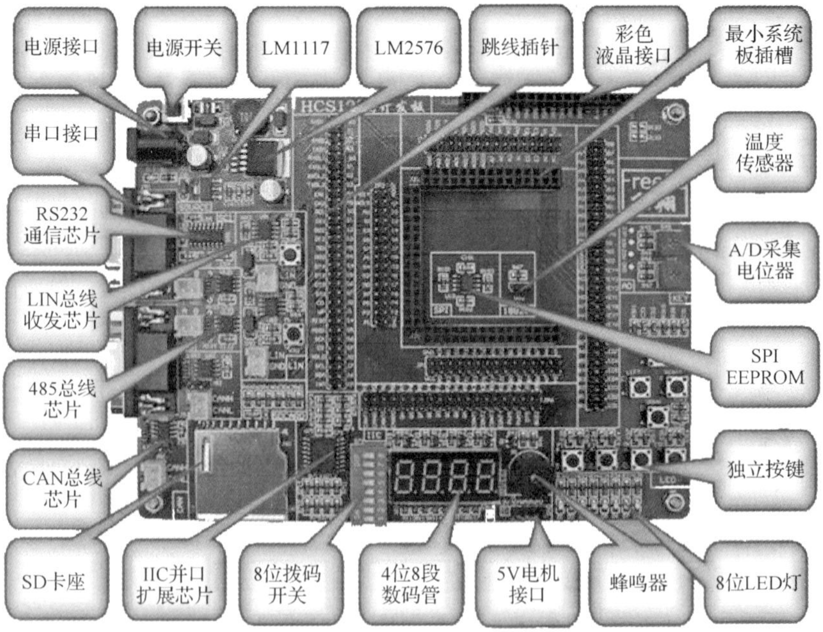
电源接口
电源开关
LM1117
LM2576
跳线插针
彩色液晶接口
最小系统板插槽
串口接口
温度传感器
RS232通信芯片
A/D采集电位器
LIN总线收发芯片
SPI EEPROM
485总线芯片
CAN总线芯片
独立按键
SD卡座
IIC并口扩展芯片
8位拨码开关
4位8段数码管
5V电机接口
蜂鸣器
8位LED灯

图 6-43　控制单元

第 7 章

热管理系统试验

试验是设备或系统定型上车前必不可少的步骤，热管理系统试验是一个复杂的过程，不同的试验内容所采用的方式也不同。根据试验目的，可以分为部件性能试验（柴油机、水泵、散热器等性能试验）、部件之间匹配试验（风扇、散热器匹配试验等）及系统总体性能试验（系统性能试验）；根据试验的方式，可以分为半实物试验、台架试验及实车试验等。

7.1 半实物试验

半实物试验是将系统部分复杂的部件以模拟样机的形式呈现，用于验证热管理系统的部件特性、系统布局及控制策略等是否满足要求。本节以某型热管理系统的控制策略、方案验证及冷却液试验为例，介绍半实物试验的试验目的、试验设备及相关试验与分析。

7.1.1 试验目的

（1）掌握热管理系统的控制特性。

（2）掌握热管理系统不同控制策略和控制方案的控制效果。

（3）掌握不同冷却液对热管理系统性能的影响。

7.1.2 试验设备

1. 半实物试验台的结构与原理

建立热管理系统的半实物试验台，其结构原理图如图 7-1 所示。该试验台具有以下主要特征：①不同温度的热源；②高、低温独立双循环结构；③叠置的高、低温散热器；④两台并排的风扇（离心式）置于散热器下方；⑤热源部件散热量可变，水泵和风扇可调；⑥独立的“L”形风道和“U”形风扇蜗壳。热管理系统的半实物试验台用两个热源部件分别模拟高温循环中的柴油机本体散热和一级中冷器散热，用一个热源模拟整个低温循环中的热源部件，即该热源的热量与低温循环总散热量具有一定的比例关系。

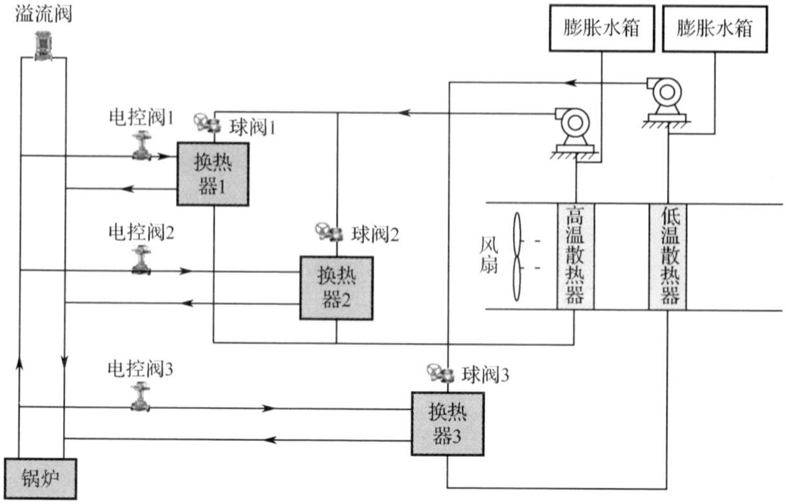

图 7-1　半实物试验台的结构原理图

冷却空气流动部分主要由进风段、低温散热器、高温散热器、风扇及蜗壳、排风段和百叶窗构成。其中，为了提高冷却空气流速的测量准确程度，进风段部分设计得较长。风扇为离心式，风道部分的总体结构如图 7-2 所示。

图 7-3 所示为热管理系统半实物试验台的实物。在试验过程中，通过调整换热器的导热油流量来调节换热器的散热量，可通过手动阀调节模拟热源的阻力系数，高、低温循环的水泵由配有变频器的交流电动机驱动，因而循环冷却液流量可调；风扇采用可调速直流无刷电动机驱动，风量可按需调节。

2. 半实物试验台测控系统

热管理系统半实物试验台的测控系统具备以下功能：①信号采集与

处理，即对收到的信号进行数值转换、软件滤波等处理，得到合理的信号值；②根据控制策略与算法获取及输出控制指令；③及时检测系统异常状况并输出警告指令；④根据需要进行数据显示与存储。

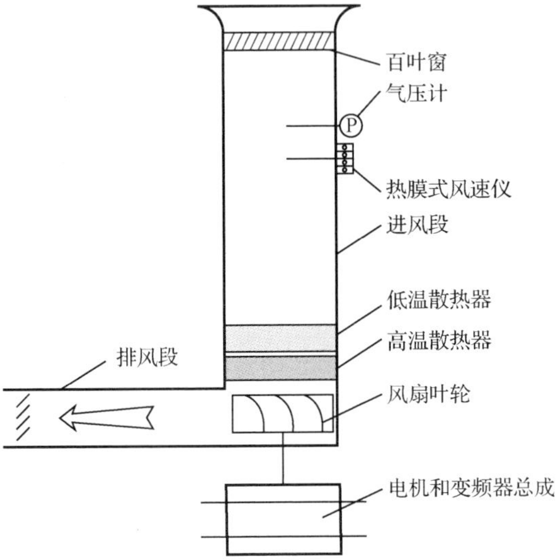

图 7-2　风道部分的总体结构

图 7-3　热管理系统半实物试验台的实物

1）传感器的布置

传感器的布置如图 7-4 所示。其中，P 表示压力变送器，T 表示温度传感器，Q 表示涡街流量计，R 表示转速传感器，V 表示热膜式风速仪。

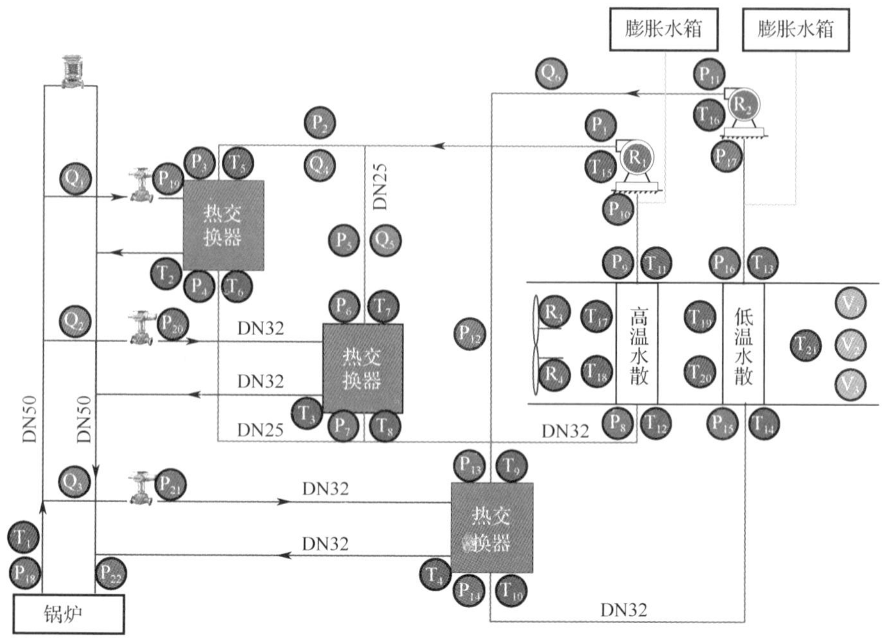

图 7-4　传感器的布置

2）参数控制

（1）阀门开度控制。管路中的液体流量由电控阀门负责调节。电控阀门的流量特性有理想流量特性和工作流量特性之分。理想流量特性是假定阀门前、后压差不变时所表现的特性，工作流量特性则是阀门前、后压差发生变化时所表现的特性。常用的理想流量特性有等百分比、抛物线、快开及直线 4 种流量特性，如图 7-5 所示。

电控阀门用于调节经过换热器的导热油流量，需要在低开度时有较高的调节精度，因此选择等百分比特性（控制阀的放大系数随相对流量的增大而增大，并且相对流量变化的百分比相等）。电控阀门的技术参数见表 7-1。

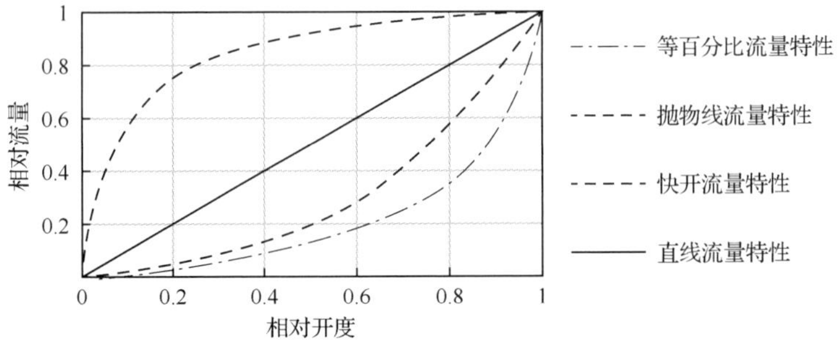

图 7-5　常用的理想流量特性

表 7-1　电控阀门的技术参数

项　目	参　数	项　目	参　数
公称通径	DN32	流量特性	等百分比
调节精度	1%	工作电压	220V AC
控制信号	4～20mA	反馈信号	0～5V DC
环境温度	-40～+55℃	介质温度	-40～+250℃
公称压力	1.6MPa	阀体形式	单座
本体材质	不锈钢	结构形式	法兰夹装式

（2）水泵转速控制。冷却液循环流量的调节通常有两种方法，一种是改变循环管路特性曲线，即节流调节；另一种是改变水泵的性能曲线，主要指变速调节。变速调节的系统较为复杂，但其运行过程能够节省能耗，并且易于实现流量的自动调节。变频调速是变速调节中最好的一种调速方式，其调速范围广、控制灵活、负荷适应性强。

热管理系统半实物试验台中的循环水泵采用三相交流异步电动机驱动，其转速 n 与电压频率 f 的关系为

$$n=\frac{60f(1-S)}{p} \tag{7-1}$$

式中，S 为电动机转差率，取 0.01～0.07；p 为电动机磁极对数，这里 $p=1$。

该试验台使用的电动机与水泵如图 7-6 所示，使用的变频器如图 7-7 所示。

（3）风扇转速控制。热管理系统半实物试验台采用两台并排放置的离

心式风机进行风量调节。该风机由三相永磁同步外转子电动机驱动，具有结构紧凑、控制灵活的特点。该试验台使用离心式风扇（见图 7-8），根据风扇电机控制信号类型，结合实际情况选择 0～10V 控制信号进行控制。

图 7-6　电动机与水泵

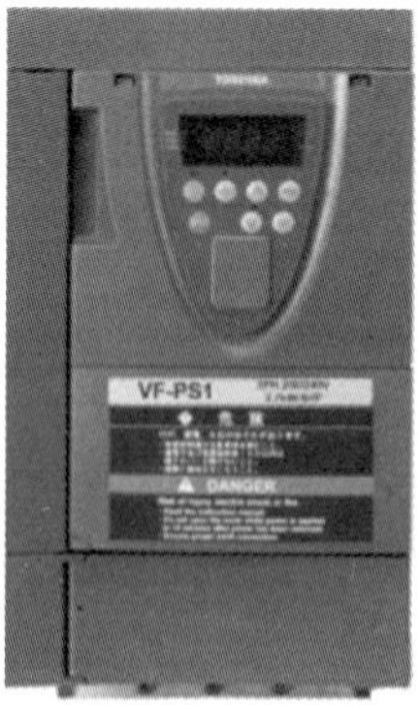

图 7-7　变频器

图 7-8　离心式风扇

3）监控程序

基于 LabVIEW 与 MATLAB/Simulink 编程环境进行监控程序设计。其中，LabVIEW 用于实现信号的采集与处理、控制信号的输出、信号的显示与超限判断；MATLAB/Simulink 用于实现控制策略与算法；LabVIEW 中的 Simulation Interface Toolkit 负责实现 LabVIEW 与 MATLAB/Simulink 的交互。

监控程序主界面的功能主要有 3 种：一是参数设置，包含通信端口设置、存储设置和 A/D 与 D/A 转换参数设置；二是实现控制信号和反馈信号的动态显示与存储；三是实现控制功能，包括控制系统的开始与结束、自动或手动控制切换及超限警告等功能。图 7-9 所示为监控程序主界面的控制选项卡。

3. 试验台性能

根据试验过程中工况的变化情况，热管理系统试验可以分为稳态特性试验和动态控制过程试验。通过稳态试验可以分析热部件的流动与传热特性，用于动态过程控制。动态过程控制可以用于验证控制方案与算法，研究热管理系统的控制效果。

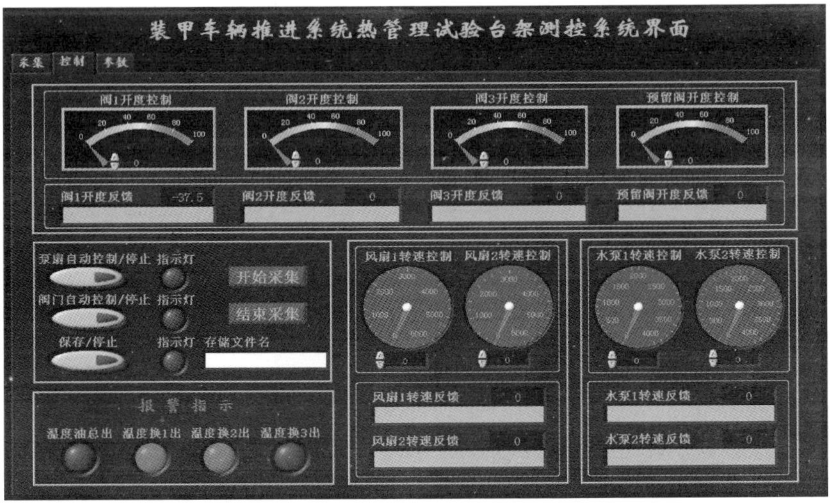

图 7-9 监控程序主界面的控制选项卡

1）试验台阻力特性

通过测量不同流量下的冷却液进、出口压力，可以获得热管理系统半实物试验台中换热器、散热器等热部件的阻力特性。图 7-10 所示为换热器油侧阻力特性曲线；图 7-11 所示为换热器水侧阻力特性曲线；图 7-12 所示为低温散热器水侧阻力特性曲线；图 7-13 所示为高、低温散热器空气侧总体特性曲线。

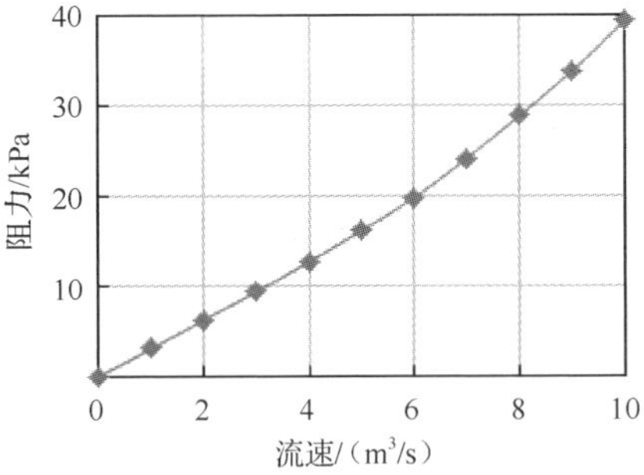

图 7-10 换热器油侧阻力特性曲线

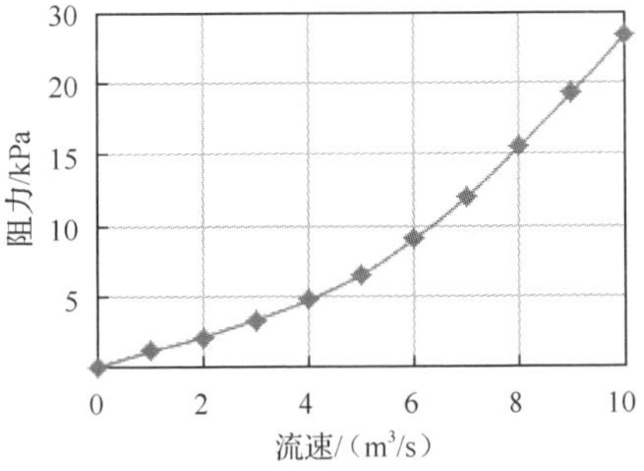

图 7-11 换热器水侧阻力特性曲线

2）试验台传热特性

通过改变两侧进口流量及温度，测量出口冷却液温度可以获得热管理系统半实物试验台中换热器与散热器的传热特性。当换热器油侧流量

为 $6m^3/h$，水侧流量为 $2m^3/h$ 时，换热器油与水两侧进口温差与传热量的关系曲线如图 7-14 所示。

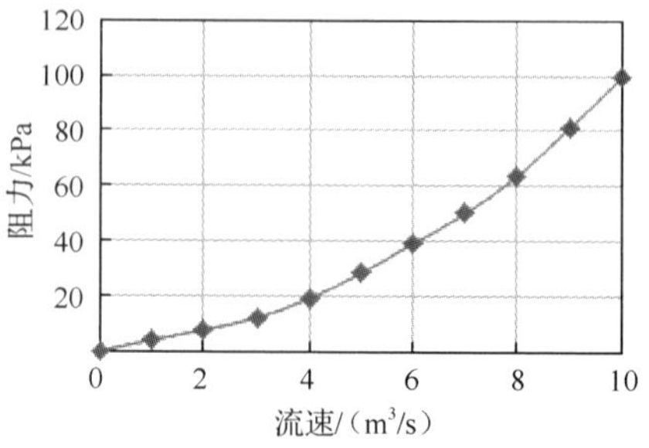

图 7-12　低温散热器水侧阻力特性曲线

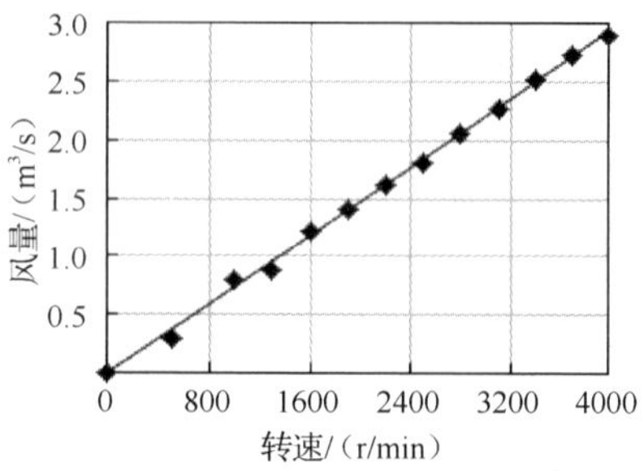

图 7-13　高、低温散热器空气侧总体特性曲线

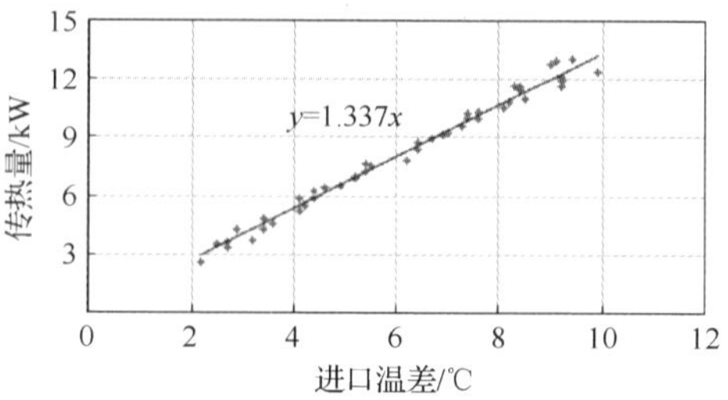

图 7-14　换热器油与水两侧进口温差与传热量的关系曲线

7.1.3　相关试验与分析

1．系统控制试验

1）单目标控制方案模拟试验

对单目标控制方案的控制效果进行模拟试验，试验时的环境压力为 99.8kPa，温度为 28℃，高、低温循环水泵及风扇的转速见表 7-2，热源温度变化参照图 7-15。

表 7-2　单目标控制方案对应的高、低温循环水泵及风扇的转速

阶　段	低温循环水泵/（r/min）	高温循环水泵/（r/min）	风扇/（r/min）
工况变化前	725	1200	3608
工况变化后	508	893	2546

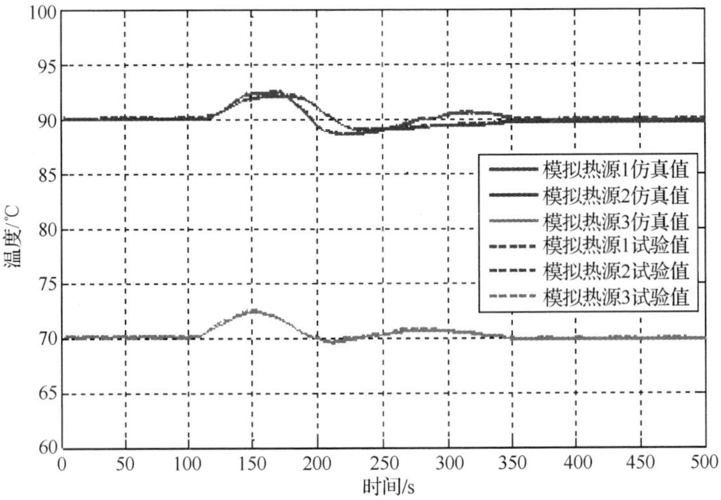

图 7-15　模拟热源温度变化仿真值与试验值的对比（单目标控制方案）

2）多目标控制方案模拟试验

多目标控制方案模拟试验的工况参数与单目标控制方案的相同。试验时的环境压力为 99.8kPa，温度为 28℃。根据试验台系统特性调整综合控制参数，见表 7-3。

表 7-3　模拟试验综合控制参数表

参数	加权系数			量化因子		比例因子	积分系数
	热源 1	热源 2	热源 3	偏差	变化率		
数值	0.4	0.3	0.3	0.5	5	2500	80

采用相同的工况变化过程，在试验台上对多目标控制方案进行验证，结果如图 7-16 所示。

3）试验对比分析

两种控制方案在试验台及其模型上的验证结果见表 7-4。单目标控制方案的控制精度为±2.5℃；多目标控制方案的控制精度为±3℃。单目标控制方案的调控时间为 280s；多目标控制方案的调控时间为 370s。

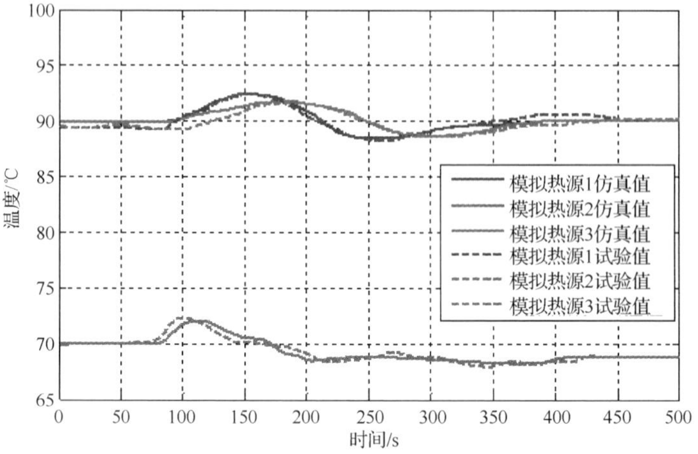

图 7-16　模拟热源出口温度变化仿真值与试验值的对比（多目标控制方案）

表 7-4　两种控制方案在试验台及其模型上的验证结果

项　　目	热　　源	单目标控制方案	多目标控制方案
最大偏差温度/℃	模拟热源 1	2.40	2.90
	模拟热源 2	2.10	2.10
	模拟热源 3	2.30	2.80
系统稳定时间/s	模拟热源 1	270	370
	模拟热源 2	280	360
	模拟热源 3	260	350

2．冷却液试验

通过试验，研究不同冷却需求下，采用多种冷却液时热管理系统的功耗，有助于了解不同冷却液的散热能力。

1）等散热量下冷却液温度与风扇消耗功率的关系试验

如图 7-17 所示，在散热量相同时，所需的风扇转速（功耗）差异显著。在相同的外部条件（环境温度、大气压力、散热器结构等）下，针对某一种冷却液而言，随着冷却液温度的升高，风扇消耗功率下降；通过比较不同的冷却液可知，在相同的冷却液温度下，风扇消耗功率（功耗）从小到大的次序是水、纳米流体、130 号冷却液、-45 号冷却液和无水丙二醇；随着温度升高，几种冷却液的功耗差异逐渐缩小。例如，当冷却液温度为 70℃时，以水为冷却液所消耗的风扇功率是采用其他冷却液的 1/5～1/4，具有明显的优势，但这种优势会随着温度的升高而逐渐减小；当冷却液温度达到 110℃以上时，采用几种冷却液所消耗的风扇功率基本相同。

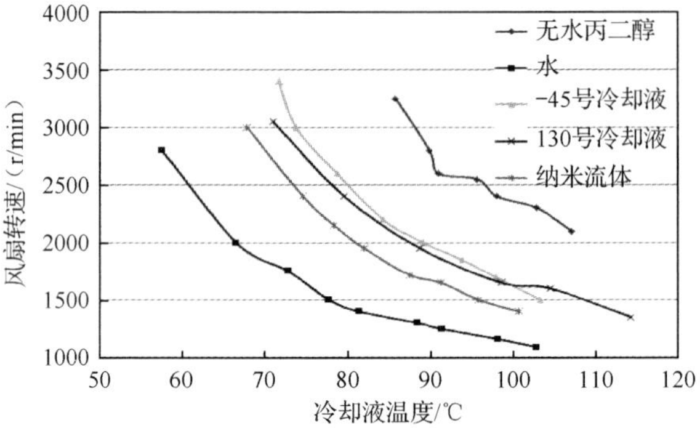

（a）冷却液温度与风扇转速的关系

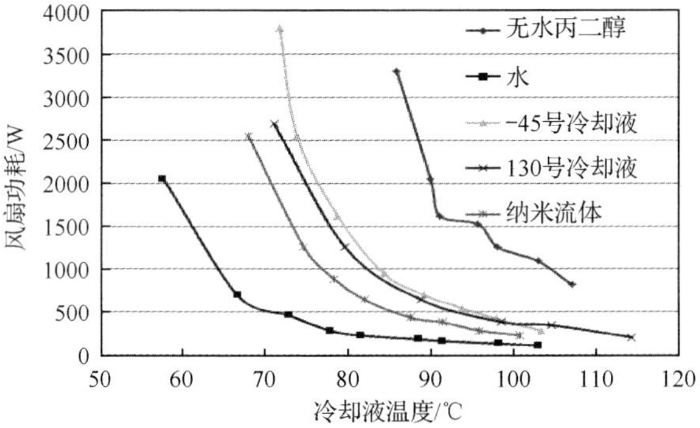

（b）冷却液温度与风扇功耗的关系

图 7-17　等散热量下冷却液温度与风扇转速和功耗的关系

2）等散热器入口温度下散热量与风扇消耗功率的关系试验

在相同的散热器入口温度下，观测散热量与风扇消耗功率（功耗）的关系。

当散热器入口温度分别为 75℃和 90℃时，散热量与风扇转速和功耗的关系如图 7-18、图 7-19 所示。从图中可以看出，对于一种冷却液，随着风扇转速的提高，散热量也随之增加；通过对比不同冷却液，可以发现在相同的风扇功耗下，使用水作为冷却液的散热量最多，其次为纳米流体和 130 号冷却液，散热量最少的是无水丙二醇；当风扇功率较低时，几种冷却液的散热量基本相同，并且都很小。随着风扇转速的增加，不同冷却液散热能力的差异越来越大。例如，当风扇功耗为 1000W 时，散热量最小的为无水丙二醇，比纳米流体降低 25%。当散热器入口温度从 75℃升至 90℃时，不同冷却液散热能力的差异变小。

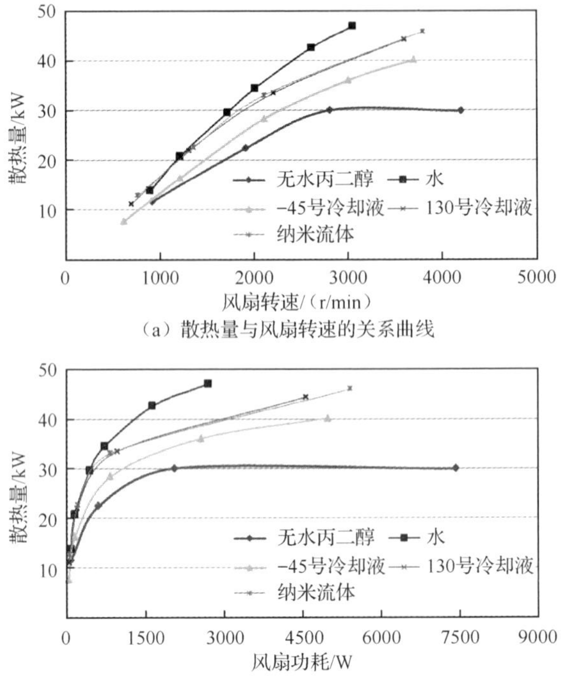

（a）散热量与风扇转速的关系曲线

（b）散热量与风扇功耗的关系曲线

图 7-18　散热量与风扇转速和功耗的关系（散热器入口温度为 70℃）

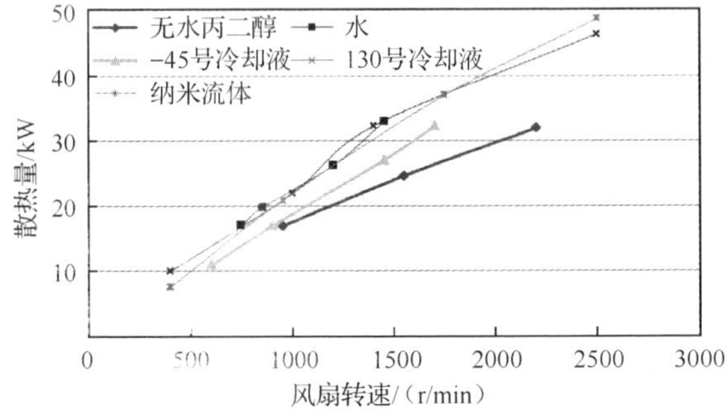

（a）散热量与风扇转速的关系曲线

图 7-19　散热量与风扇转速和功耗的关系（散热器入口温度为 90℃）

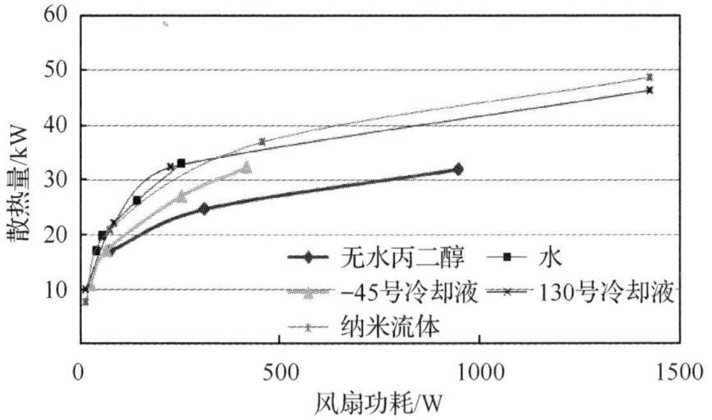

（b）散热量与风扇功耗的关系曲线

图 7-19　散热量与风扇转速和功耗的关系（散热器入口温度为 90℃）（续）

7.2　台架试验

台架试验是以热管理系统的部件或系统实物为研究对象，在半实物试验的基础上，对热管理系统的部件特性、系统布局及控制策略等进行验证。本节主要介绍某型柴油机采用的高低温双循环热管理系统在运用单目标控制方案、前馈+反馈控制策略时，台架试验的相关方法。

7.2.1　试验目的

（1）通过台架试验，了解高低温双循环热管理系统的控制效果。

（2）通过台架试验，了解各部件的压力损失及各种工况下的热平衡参数分布。

7.2.2　试验设备

1．测量仪器

台架试验所需测量仪器包括油耗仪、进气压差传感器、热电耦式温度传感器、柴油机循环冷却液流量计、机油循环流量计、压力传感器及涡轮转速传感器。传感器的性能参数见表 7-5。

表 7-5　传感器的性能参数

参数类型	名　　称	精　　度	量　　程
温度	温度传感器	Ⅰ级	-40～350℃
	排温热电偶	Ⅰ级	-40～1000℃
流量	涡轮流量计	0.5 级	10～100m^3/h
	齿轮流量计	0.2 级	2.5～25m^3/h
	涡轮流量计	0.5 级	4～40m^3/h
	涡轮流量计	0.5 级	2～20m^3/h
	涡轮流量计	0.5 级	4～40m^3/h
增压器转速	转速传感器	Ⅰ级	0～200 000r/min
压力	压力传感器	0.25 级	-100～100kPa
	压力传感器	0.2 级	-60～1600kPa

2. 传感器布置

根据柴油机总体布置情况及需要测试的参数进行相应测点的布置，实机测试过程中的传感器布置方案如图 7-20 所示。

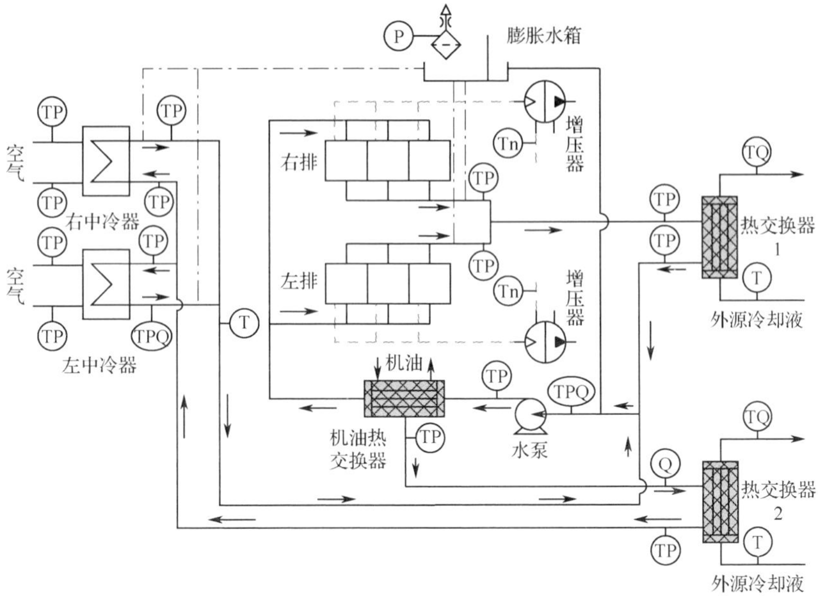

T—温度；Q—质量流量；P—压力；n—转速

图 7-20　实机测试过程中的传感器布置方案

7.2.3 相关试验与分析

7.2.3.1 控制效果分析

1. 控制原理

热管理系统采用高低温双循环布局，高温循环部件包括柴油机本体、节温器 1、散热器 1 及电控水泵 1，低温循环部件包括中冷器与机油热交换器、节温器 2、散热器 2 及电控水泵 2，其中中冷器与机油热交换器串联，冷却液先冷却中冷器，再冷却机油热交换器，如图 7-21 所示。控制参数包括高、低温循环的水泵转速及高、低温热交换器外源冷却液电控阀开度。高温循环的控制与低温循环的控制相互独立，均采用前馈与反馈相结合的综合控制策略，为单目标控制方案。高温循环的前馈控制为高温电控阀开度控制，采取寻表（MAP）插值的方式；反馈控制为高温循环水泵转速控制，采取模糊控制方式；控制目标为发动机冷却液出口温度。低温循环的前馈控制为低温电控阀开度控制，采取寻表（MAP）插值的方式；反馈控制为低温循环水泵转速控制，采取模糊控制方式；控制目标为中冷器冷却液出口温度。

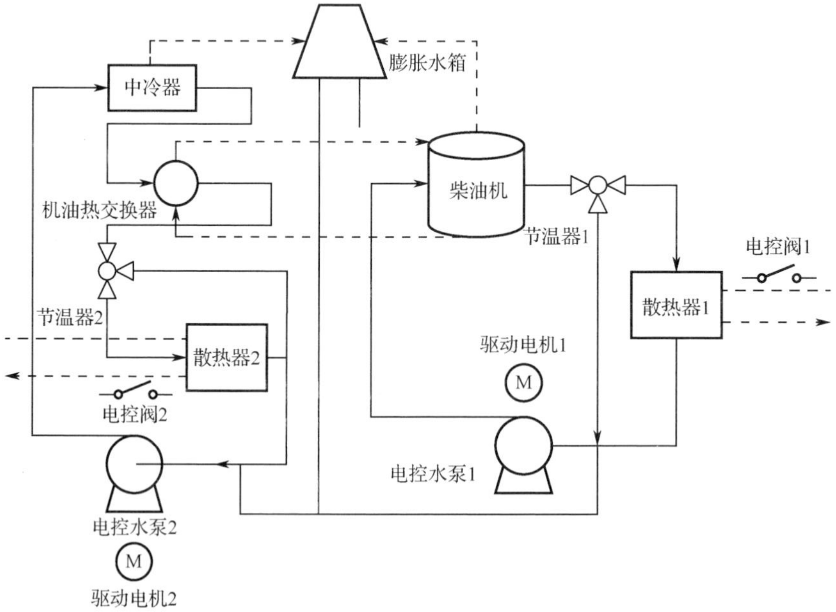

图 7-21 控制系统原理图

2．试验方案

实施柴油机非稳态工况下的热管理系统控制效果试验，重点分析柴油机在最大转矩转速及额定转速时，负荷由最大变为最小以及由最小变为最大的控制效果。

1）柴油机负荷从 100%降至 0（最大转矩转速）

当柴油机处于最大转矩转速时，负荷从 100%降至 0（过渡时间为 20s）后，柴油机本体出口冷却液温度的变化和中冷器出口冷却液温度的变化分别如图 7-22、图 7-23 所示。由图可知，柴油机本体出口冷却液温度能始终控制在目标温度（90±1）℃的范围内，中冷器出口冷却液温度能始终控制在目标温度（60±1）℃的范围内。

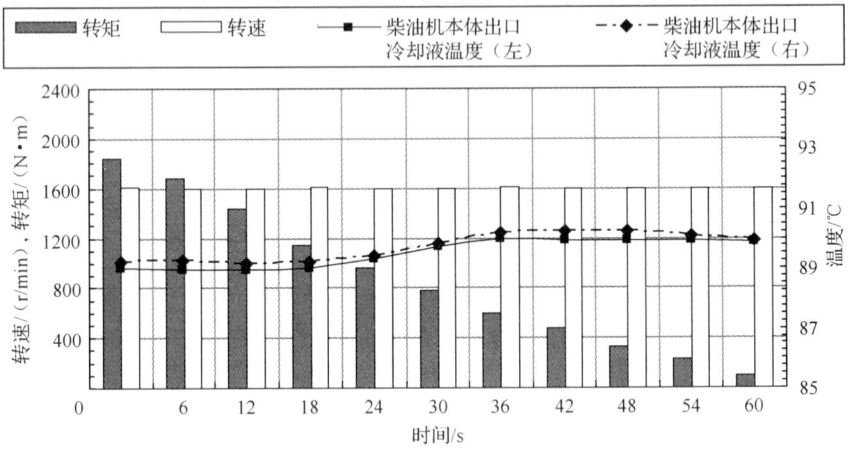

图 7-22　柴油机本体出口冷却液温度的变化（负荷从 100%降至 0）

2）柴油机负荷从 0 升至 100%（最大转矩转速）

当柴油机处于最大转矩转速时，负荷从 0 升至 100%（过渡时间为 20s）后，柴油机本体出口冷却液温度的变化和中冷器出口冷却液温度的变化分别如图 7-24、图 7-25 所示。由图可知，柴油机本体出口冷却液温度能始终控制在目标温度（90±1）℃的范围内，中冷器出口冷却液温度能始终控制在目标温度（60±1）℃的范围内。

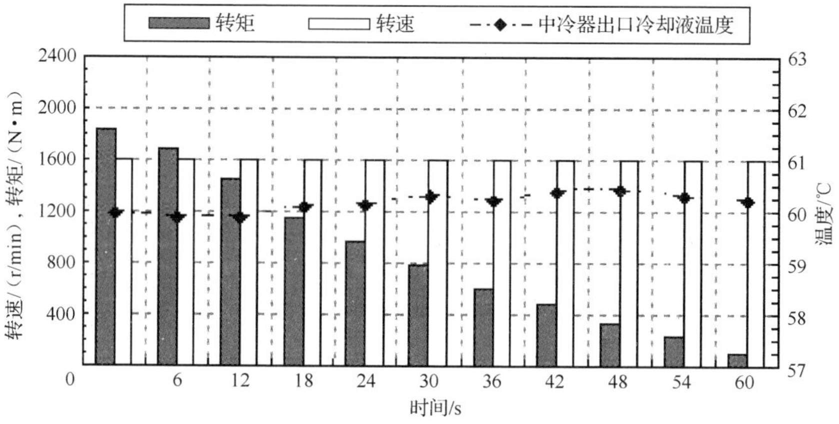

图 7-23　中冷器出口冷却液温度的变化（负荷从 100%降至 0）

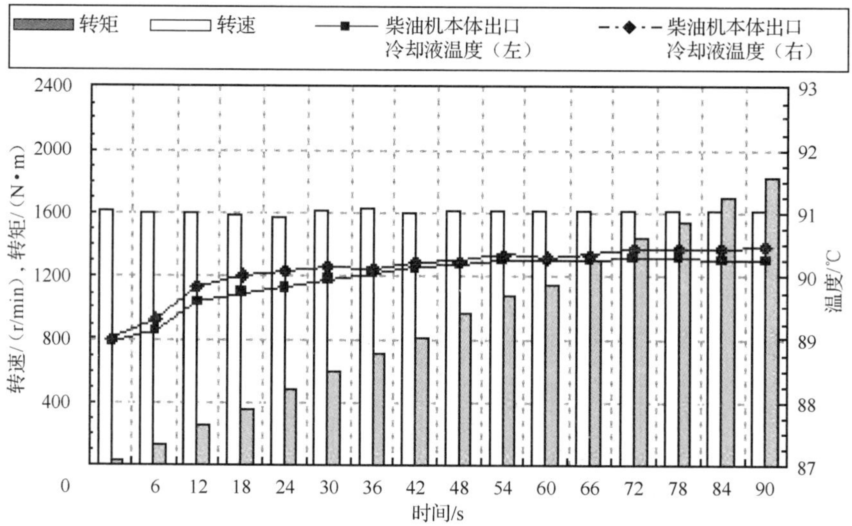

图 7-24　柴油机本体出口冷却液温度的变化（负荷从 0 升至 100%）

3）柴油机负荷从 100%过渡到柴油机怠速转速负荷（额定转速）

当柴油机处于额定转速时，负荷 100%过渡到柴油机怠速负荷（0）（过渡时间为 20s）后，柴油机本体出口冷却液温度的变化和中冷器出口冷却液温度的变化分别如图 7-26、图 7-27 所示。由图可知，柴油机本体出口冷却液温度能始终控制在目标温度（90±1）℃的范围内，中冷器出口冷却液温度能始终控制在目标温度（60±1）℃的范围内。

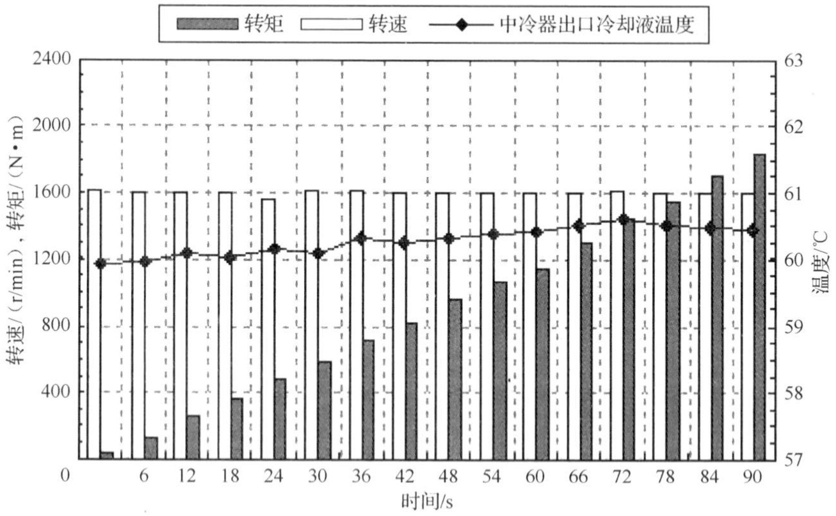

图 7-25　中冷器出口冷却液温度的变化（负荷从 0 升至 100%）

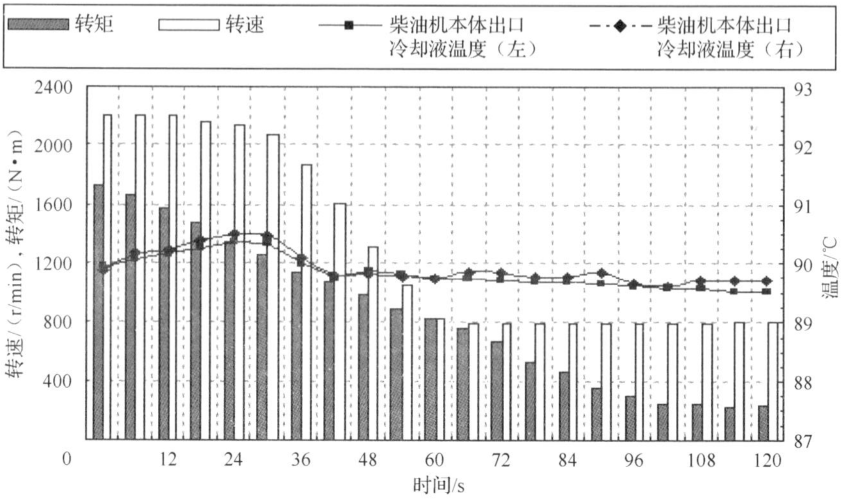

图 7-26　柴油机本体出口冷却液温度的变化
（负荷从 100%过渡到柴油机怠速负荷）

4）柴油机负荷从 0 过渡到柴油机额定转速负荷（怠速转速）

当柴油机处于怠速转速时，负荷从 0 过渡到柴油机额定转速负荷（100%）（过渡时间为 20s）后，柴油机本体出口冷却液温度的变化和中冷器出口冷却液温度的变化分别如图 7-28、图 7-29 所示。由图可知，柴油机本体出口冷却液温度能始终控制在目标温度(90±1)℃的范围内，中冷器出口冷却液温度能始终控制在目标温度（ 60±1 ）℃的范围内。

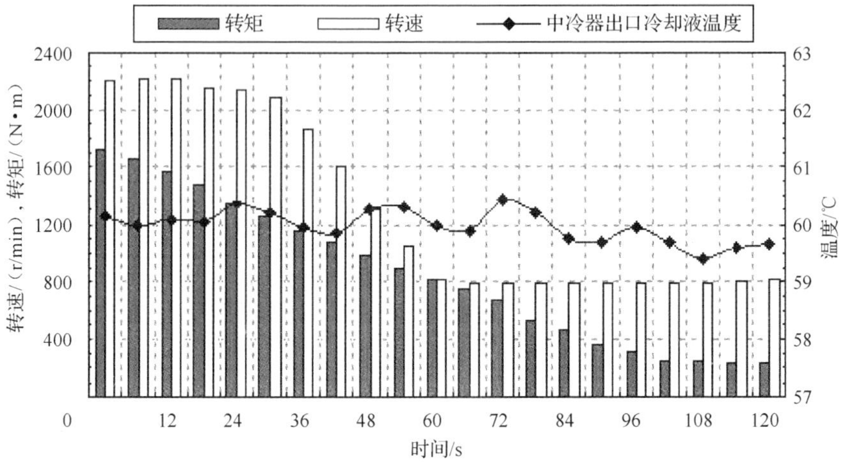

图 7-27 中冷器出口冷却液温度的变化

（负荷从 100%过渡到柴油机怠速负荷）

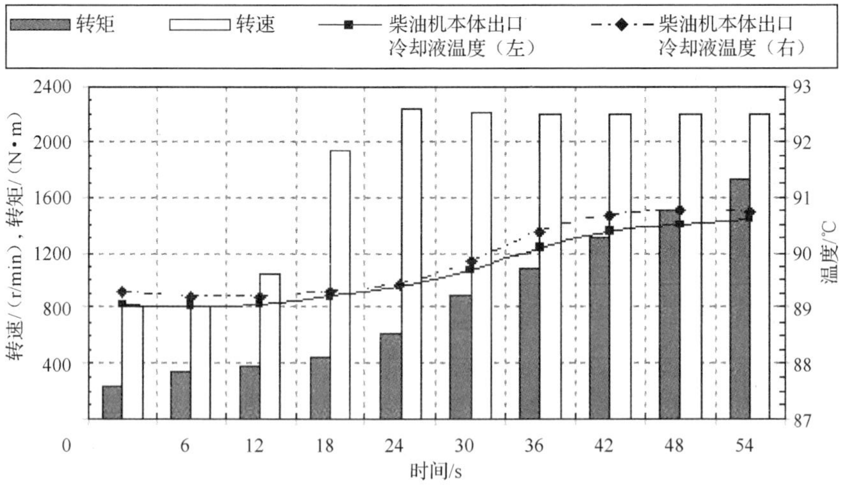

图 7-28 柴油机本体出口冷却液温度的变化

（负荷从 0 过渡到柴油机额定转速负荷）

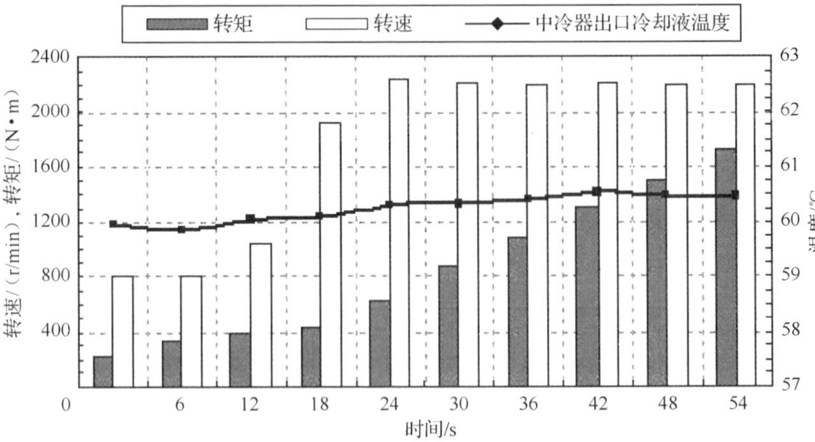

图 7-29　中冷器出口冷却液温度的变化
（负荷从 0 过渡到柴油机额定转速负荷）

7.2.3.2　热平衡分析

1）额定转速和最大转矩转速热平衡

当柴油机处于额定转速和最大转矩转速时，不同负荷下的热量分配情况如图 7-30 所示。在不同转速、不同负荷下，柴油机的热量分配存在明显差异。随着发动机负荷的降低，燃油总发热量显著减少，有用功、冷却液带走热量、废气带走热量逐渐降低。同时，随着柴油机转速的降低，进气、燃烧条件恶化，导致转化为有用功的热量减小得更快，余项损失占总热量的比例增加。

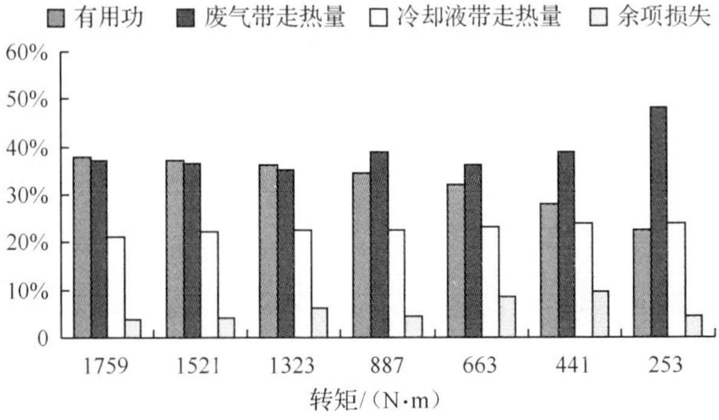

（a）额定转速

图 7-30　不同负荷下的热量分配情况

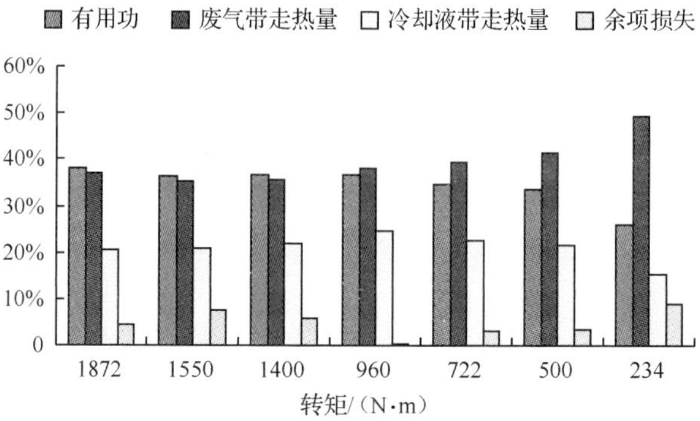

（b）最大转矩转速

图 7-30　不同负荷下的热量分配情况（续）

2）额定工况点

由图 7-31 所示的柴油机额定工况点的热量分配情况可知，有用功和废气带走热量均占燃油总发热量的 38%，冷却液带走热量约占 21%（包括冷却液通过发动机本体带走的热量、冷却液通过机油热交换器带走的热量，以及冷却液通过中冷器带走的热量），余项损失约占 3%（包括燃油不完全燃烧引起的热损耗、发动机机体的热耗散及其他热损耗等）。

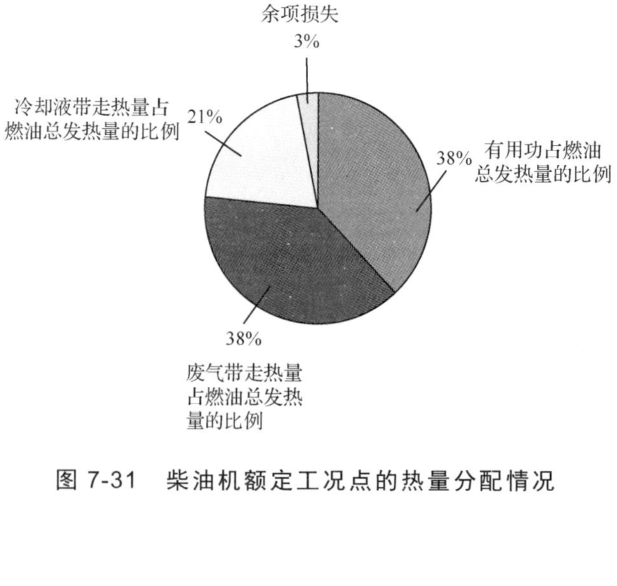

图 7-31　柴油机额定工况点的热量分配情况

7.3 实车试验

7.3.1 试验目的

实车试验的目的是在车辆定型前，通过在实车上加入各类传感器，对热管理系统关键点位的温度、流量、压力等参数进行监控，了解热管理系统的热负荷、流量及阻力等状况，分析系统设计能否达到要求。

7.3.2 试验设备

1. 测量仪器

实车试验的测量仪器包括油耗仪、进气压差传感器、温度传感器、冷却液流量计、机油流量计、压力传感器及涡轮转速传感器等。传感器型号及参数与表 7-5 所示一致。

2. 传感器布置

以某型车辆热管理系统为例，实车测试过程中的传感器布置方案如图 7-32 所示。

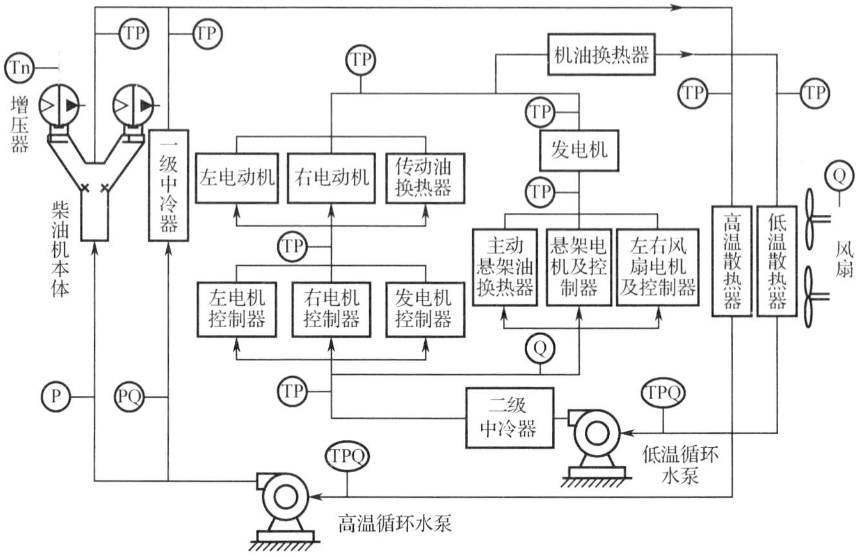

T—温度传感器；P—压力传感器；Q—流量传感器；n—转速传感器

图 7-32　实车测试过程中的传感器布置方案

7.3.3 相关试验及分析

1）热负荷试验

热负荷试验主要通过关键点位的温度，判断各部件的热负荷是否满足要求，如果部件冷却液出口温度过高，则部件的热负荷高。如图 7-32 所示，高温循环中包含柴油机本体出口冷却液温度、一级中冷器出口冷却液温度、高温散热器出口温度等；低温循环中包含两个支路中流经部件汇流后的温度，以及机油换热器温度、二级中冷器出口冷却液温度、低温散热器出口温度等。另外，柴油机的排气温度也是表征柴油机热负荷的重要指标，在带有涡轮增压器的柴油机中，重点是涡轮后的温度。

2）系统阻力与流量试验

系统阻力试验主要通过关键点位的压力值与流量值，判断各部件及系统的阻力值，分析热管理系统内的冷却液流量是否满足冷却需求。如图 7-32 所示，高温循环中的重点是高温循环水泵的流量与压力，以及柴油机与一级中冷器两个分路的流量与压力；低温循环中包含低温循环水泵的流量与压力、二级中冷器出口的压力，以及从二级中冷器流出后两个支路的压力和流量、机油换热器后的压力。

第 8 章

热管理系统的评价

热管理系统方案确定后，需要一套指标体系评价和指导热管理系统的相关参数设计和优化。因此，本章针对装甲车辆建立了一套完整的热管理系统评价指标体系，用于指导装甲车辆热管理系统的论证、设计和评估工作，同时采用层次分析法和模糊数学法相结合的评价方法，介绍热管理系统评价的过程。

8.1 指标体系

8.1.1 热管理系统性能影响因素

影响装甲车辆热管理系统性能的因素众多，涉及体积、功率消耗（功耗）、冷却效果、对其他系统的影响及环境适应性等方面的问题。

（1）冷却液流动阻力。冷却液在冷却水泵的驱动下，流经柴油机本体、中冷器、机油冷却器和散热器等部件后重新进入冷却水泵完成整个循环。在该循环中，冷却液流动阻力最大的是散热器，其次为气缸盖和气缸水套。冷却液流动阻力是不可避免的，可以通过优化气缸盖结构和提高散热器效率来降低冷却液流动循环阻力。

（2）冷却液流量。冷却液流量是指在冷却水泵的作用下，冷却液在单位时间内通过某一横截面的流量。若冷却液的流量小，则会导致气缸盖的冲刷不足，流经各热部件后的进、出口温差增大，进而造成热部件温度梯度大、热应力增加；若增大冷却液的流量，则会增加功率消耗，降低热管理系统的效率。

（3）冷却空气阻力。冷却空气从流入到流出动力舱所需流经的部件包括散热器、进气栅格、排气栅格和冷却风道等。其中阻力最大的是散热器，其次是动力舱内不规则的部件表面。

（4）冷却空气流量。由于散热量大，而空气密度低、热容低，往往需要大量的冷却空气，冷却空气流量越大，冷却效果越好，但是风扇消耗的功率也越大。

（5）冷却液总容积。它是指热管理系统所需的冷却液容积。所需冷却液的容积越大，热管理系统的总容积和质量越大。

（6）散热器体积。散热器是热管理系统的重要组成部分，当外围条件一致时，散去相同热量所需散热器的体积越小，其散热效率越高。

（7）风扇蜗壳和叶轮体积。风扇蜗壳和叶轮是风道的组成部分，其体积也是热管理系统体积的重要组成部分。

（8）风道部分体积。风道是动力舱的重要组成部分，其体积在热管理系统体积中的占比也是最大的。

（9）百叶窗面积。百叶窗面积越大，冷却空气流动阻力越小，散热能力越强，但无论百叶窗是在装甲车辆的顶部还是侧面，都会对防护性带来负面的影响。

（10）温度波动量。它是指工况变化时，温度的波动绝对值。

（11）稳定温度点。车辆热管理系统一般采用闭式加压冷却系统，使用特殊冷却液，冷却液温度可高于 100℃。提高温度设定点，可以大大减小动力传动系统的散热量，缩小热管理系统的体积，同时提高车辆环境适应性。但是对于热部件，特别是电机、电机控制器、柴油机气缸盖而言，温度设定点越低，越有利于稳定可靠的工作。因此，温度设定点是热管理系统评价的一个重要影响因素。

（12）极限环境温度。它是指在各种工况下热管理系统能够正常工作的最高环境温度。该温度越高，表示热管理系统的环境适应能力越强，反之表示热管理系统的适应性弱。

（13）极限大气压。它是指在各种工况下热管理系统能够正常工作的最低大气压力。海拔越高，大气压力越低，空气越稀薄，其密度越低，易造成冷却空气不足。我国地域辽阔，海拔跨度大，不同海拔高度的大气压力变化明显，对柴油机功率和热管理系统均有显著影响。

8.1.2　热管理系统评价指标体系

评价指标是评价系统的参考量，每个指标都应能反映或衡量被评价对象在某一方面的优劣，因此选取的指标必须具有代表性、独立性和可比性，并要容易获取且区分明显。评价指标的选取应坚持以下原则：

（1）系统性原则。所选取的指标应能综合准确地衡量被评价客体的各方面属性，各评价指标之间层次清楚又相互独立。

（2）一致性原则。所选取的指标应与评价目标对应，可以充分反映评价主体的活动目的。

（3）独立性原则。指标应能反映评价对象不同方面的特征，相互之间不应有包含或耦合关系。

（4）可测性原则。所选取的指标应尽量是可测的数值，或容易得到资料。

（5）可比性原则。结合评价指标选取原则，可以选取风扇功耗、水泵功耗、风道体积、温度波动、冷却液温度、极限环境温度和极限环境压力 7 个参数作为热管理系统优化指标体系，如图 8-1 所示。

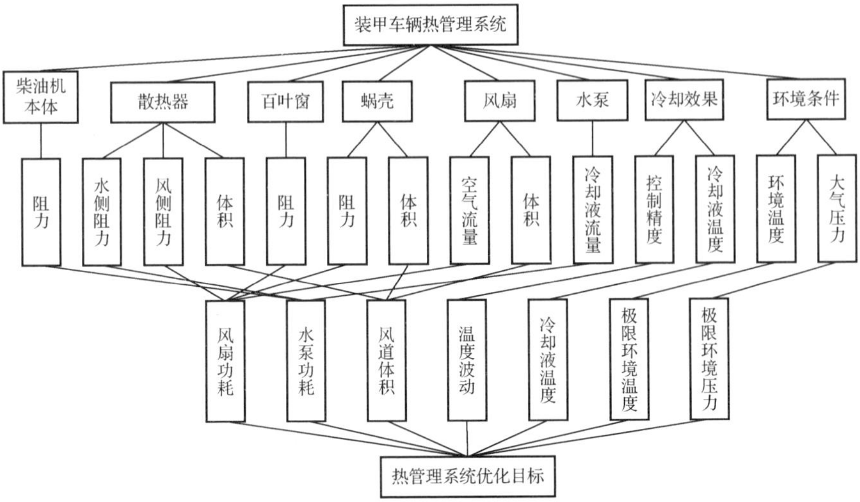

图 8-1　热管理系统优化指标体系

（1）风扇功耗。它是热管理系统的主要功耗，能够综合反映热管理系统所需的冷却空气流量和冷却空气流经整个风道时的阻力，属于非常重要的指标。

（2）水泵功耗。它是冷却介质流量和冷却液循环系统阻力的综合反映。

（3）风道体积。它是热管理系统与动力舱集成化程度的标志，但是对于开放式风道动力舱而言，风道的体积不易获得，因而可以只计算蜗壳体积和散热器体积之和。

（4）温度波动。当装甲车辆的工况发生变化时，热管理系统根据热部件的热管理需求主动调节冷却强度以维持冷却液温度稳定。因此，冷却液温度波动是热管理系统控制精度的直接体现。

（5）冷却液温度。它能反应部件热管理需求的满足程度。

（6）极限环境温度。它是环境适应性的重要衡量指标。

（7）极限环境压力。它是环境适应性的重要衡量指标。

8.2 综合评价

8.2.1 评价方法

常用的评价方法有专家评分法、层次分析法、灰色关联评价法、模糊综合评价法及神经网络评价法等，各种评价方法的特点见表 8-1。

表 8-1 各种评价方法的特点

评价方法	指标评价值	评价结果合成方法	优点	缺点
专家评分法	分值	加权求和	可以区分各个指标的重要程度	容易包含专家个人主观偏好
层次分析法（AHP）	指标权重	矩阵法	理论上分析较为合理，可靠性较高，相关矩阵还可作为评价定量分析的依据	多指标时主观因素的影响较大，能得到评估的排序，但无法做到分类
灰色关联评价法	关联度	求“平均”	对数据资料的分布类型和样本量并无要求	指标层次较多时会比较烦琐

续表

评价方法	指标评价值	评价结果合成方法	优　　点	缺　　点
模糊综合评价法	隶属度函数	最大隶属度法	具备良好的扩展性	确定分级表的主观性
神经网络评价法	因素值	因素间的复杂函数关系	集专家经验和模糊推理功能于一体	需要大量的训练样本，也不能体现指标相对重要性

8.2.2　评价实例

对热管理系统的评价是一个多目标的评价过程，各个目标之间形成相互约束，往往不能同时达到最优。本节主要介绍层次分析法和模糊数学法相结合的评价方法，并对热管理系统进行评价。

1. 层次分析法

通过对复杂问题进行逐层分解，层次分析法将定性问题合理转换为定量问题。它是一种重要的系统分析方法，通过指标重要程度的相互对比来确定单个指标的权重，利用评价主体的判断对指标进行排序，从而获得评价结果。下面介绍该方法的一般过程。

（1）构建判断矩阵。将所有的评价指标与其余指标进行逐一比较，其结果参照表 8-2 获得，将所有的比较结果构建成判断矩阵 $\boldsymbol{A}=(a_{ij})_{n\times n}$。

表 8-2　判断矩阵元素的含义

标　　度	含　　义
1	同等重要
3	前者比后者稍微重要
5	前者比后者重要
7	前者比后者更重要
9	前者比后者绝对重要
2、4、6、8	重要程度介于上述两相邻标度之间

（2）指标一致化处理。评价指标按照趋势可以分为 3 种：①极大型，即越大越优；②极小型，即越小越优；③居中型，即趋向某个值时最优。

在热管理系统综合评价指标体系中，风扇功耗、水泵功耗、风道体积、温度波动、冷却液温度、极限环境压力都是极小型指标，即越小越优；而极限环境温度是极大型指标，即越大越优。这里为了使各指标类型一致，将极限环境温度取为“100℃-极限环境温度”，使热管理系统综合评价的 7 个指标全部成为极小型指标。

（3）求权重。多指标评价的关键环节除了确定指标体系，也包括确定指标的权重向量，它同样对评价结果的可靠性具十分重要的影响。评判矩阵法的原理是计算评判矩阵的最大特征根及其对应的特征向量，即对应指标的权重向量。

设 $\boldsymbol{A}$ 为评判矩阵，通过计算得到其最大特征根为 $\lambda_{\max}$，该特征根对应的特征向量为 $\boldsymbol{W}$，即对应评价指标的权重向量。其中，$\lambda_{\max}$ 和 $\boldsymbol{W}$ 的求解算法有很多，比较常用且简便的近似算法有和积法及方根法。采用和积法就能满足计算精度要求，过程也简单，具体步骤如下：

① 将 $\boldsymbol{A}$ 的每一行元素进行累积计算，即 $b_i=\prod_{j=1}^{n}a_{ij}$；

② 将结果求 n 次方，即 $u_i=\sqrt[n]{b_i}$；

③ 将方根向量归一化，即得特征向量 $\boldsymbol{W}_i=\dfrac{u_i}{\sum_{i=1}^{n}u_i}$；

④ 计算评判矩阵的最大特征根为

$$\lambda_{\max}=\sum_{i=1}^{n}\frac{(\boldsymbol{AW})_i}{n\boldsymbol{W}_i} \tag{8-1}$$

式中，$(\boldsymbol{AW})_i$ 是向量 $\boldsymbol{AW}$ 的第 i 个分量；

⑤ 一致性检验。为了保证求得的权重向量可行，需要对 $\lambda_{\max}$ 进行一致性检验。计算一致性指标 $\mathrm{CI}=\dfrac{\lambda_{\max}-n}{n-1}$，当随机一致性比例 $\mathrm{CR}=\mathrm{CI/RI}<0.10$ 时，认为判断矩阵符合一致性要求。其中，RI 为平均随机一致性指标，其标准取值参见表 8-3。

表 8-3　1～9 阶矩阵的 RI 值

阶数	1	2	3	4	5	6	7	8	9
RI	0	0	0.52	0.89	1.12	1.25	1.35	1.42	1.46

装甲车辆热管理系统的首要功能是保证动力传动系统各部件的稳定高效运行，因此，在热管理系统优化设计过程中首先需要保证的是冷却液目标温度；其次是适应装甲车辆紧凑高效的发展趋势。风道体积被严格限制，能够分配给热管理系统的功率也更加有限，因此降低热管理系统平均功耗是热管理系统优化的重要目标。极限环境温度和极限环境压力是装甲车辆气候环境和地理环境的适应性的重要保证，在进行热管理系统设计时必须引起重视。而冷却液的温度波动是热管理系统控制精度的重要指标。虽然剧烈的冷却液的温度波动会造成部件热疲劳，影响部件的使用寿命，但不如其他指标那般严格。

综上所述，可以对热管理系统评价的 7 个指标的重要性进行排序，即冷却液温度>风道体积>风扇功耗>水泵功耗>极限环境温度>极限环境压力>温度波动。基于上述分析制定热管理系统评价指标的评判矩阵，见表 8-4。

表 8-4　热管理系统评价指标的评判矩阵

评价指标	风道体积	风扇功耗	水泵功耗	温度波动	冷却液温度	极限环境温度	极限环境压力
风道体积	1	2	3	6	1/2	4	5
风扇功耗	1/2	1	2	5	1/3	3	4
水泵功耗	1/3	1/2	1	4	1/4	2	3
温度波动	1/6	1/5	1/6	1	1/8	1/5	1/4
冷却液温度	2	3	4	8	1	5	6
极限环境温度	1/4	1/3	1/2	5	1/5	1	2
极限环境压力	1/5	1/4	1/3	4	1/6	1/2	1

根据热管理系统设计运行的实际经验，客观分析评价指标权重，避免求取权重时的主观性。根据 AHP 方法在两两因素（指标）比较中获得判断矩阵 $\boldsymbol{A}$。采取方根法进行计算，得到权重向量 $\boldsymbol{W}$，并满足一致性检验：

$$\boldsymbol{W}=(0.0751,\ 0.1538,\ 0.1044,\ 0.0312,\ 0.3878,\ 0.1234,\ 0.1243)。$$

2. 模糊数学法

模糊综合评价利用模糊数学原理，将一些界限不明确、难以判断的因素定量化，进而实现综合评价。热管理系统的评价指标都是对结果的预测和评价，体现了评价主体的观念，因而具有一定的模糊性，也适合采用模糊综合评价的方法。

（1）确定评价指标，构成指标集。对指标的评价包括“优”“良”“基本满足要求”“不能满足要求”，共同构成评语集。指标的评判即确定指标的隶属度函数，是模糊综合评价的关键。

确定评语等级论域：$V=\{V,V,\cdots,V_p\}$是等级集合，各个等级会有一个与之相对应的模糊子集。常规来讲，对于 V 的选取，一般要求其大小适中。V 小不符合评价的质量要求，反之不好判断等级归属。这里可以设定 4 个等级、10 分制进行专家评分，得分（8,6,4,2）从高到低表示热管理系统综合性能的优劣。

（2）参考已有数据，确定分级标准。在确定隶属度函数时，主要依据 4 个等级划分设定分级标准，见表 8-5。之后，采用广义钟形图式法，分别构建 7 个指标相对“优”“良”“基本满足要求”“不能满足要求”的隶属度函数。风道体积的隶属度函数按照式（8-2）进行确定，其函数曲线如图 8-2 所示。

表 8-5　热管理系统评价指标的分级标准

评语集指标	优	良	基本满足要求	不能满足要求
风道体积/m^3	(0，0.5)	[0.5，1)	[1，1.5)	≥1.5
风扇功耗/kW	(0，90)	[60,100)	[100～160)	≥160
水泵功耗/kW	(0～5)	[5，10)	[10，15)	≥15
温度波动/℃	(0，2)	[2，5)	[5，10)	≥10
冷却液温度/℃	(80，90)	[90，110)	[110，125)	≥125
（100-极限环境温度）/℃	(0，50)	[50，60)	[60，65)	≥65
极限环境压力/kPa	(0，55)	[55，70)	[70，90)	≥90

风道体积的隶属度函数：

$$r_{11}(x)=\begin{cases}1, & 0\leqslant x<0.25\\ \dfrac{1}{2}-\dfrac{1}{2}\sin\dfrac{\pi}{0.5}(x-0.5), & 0.25\leqslant x<0.75\end{cases} \tag{8-2}$$

$$r_{12}(x)=\begin{cases}\dfrac{1}{2}+\dfrac{1}{2}\sin\dfrac{\pi}{0.5}(x-0.5), & 0.25\leqslant x<0.75\\ \dfrac{1}{2}-\dfrac{1}{2}\sin\dfrac{\pi}{0.5}(x-1), & 0.75\leqslant x<1.25\end{cases}$$

$$r_{13}(x)=\begin{cases}\dfrac{1}{2}+\dfrac{1}{2}\sin\dfrac{\pi}{0.5}(x-1), & 0.75\leqslant x<1.25\\ \dfrac{1}{2}-\dfrac{1}{2}\sin\dfrac{\pi}{0.5}(x-1.5), & 1.25\leqslant x<1.75\end{cases} \qquad (8\text{-}2)(续)$$

$$r_{14}(x)=\begin{cases}\dfrac{1}{2}+\dfrac{1}{2}\sin\dfrac{\pi}{0.5}(x-1.5), & 1.25\leqslant x<1.75\\ 1, & 1.75\leqslant x\end{cases}$$

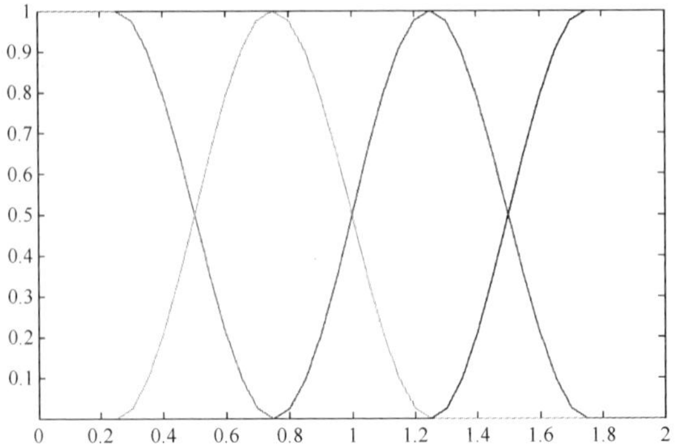

图 8-2　风道体积的隶属度函数曲线

由于模糊评价的特性，评价指标的评语集之间有一定的重叠，通常使用相邻评语集中隶属度最大的值 α 来描述。α 过大或者过小都不利于模糊评价的进行。若 α 过大，则会使两个评语变量值无法区分；若 α 过小，则会使评语变量不能全面包含指标属性，因此 α 通常取 0.5。

（3）根据模糊评估结果，将每个单指标的模糊评估结果作为一行，形如式（8-3），7 个评价指标就构成了评价模糊关系矩阵 $\boldsymbol{R}$。该矩阵中包含一个热管理系统方案中各指标分别相对“优”“良”“基本满足要求”“不能满足要求”的隶属度。

$$R_i=\begin{bmatrix}R_1\\R_2\\R_3\\R_4\\R_5\\R_6\\R_7\end{bmatrix}=\begin{bmatrix}r_{11}&r_{12}&r_{13}&r_{14}\\r_{21}&r_{22}&r_{23}&r_{24}\\r_{31}&r_{32}&r_{33}&r_{34}\\r_{41}&r_{42}&r_{43}&r_{44}\\r_{51}&r_{52}&r_{53}&r_{54}\\r_{61}&r_{62}&r_{63}&r_{64}\\r_{71}&r_{72}&r_{73}&r_{74}\end{bmatrix} \qquad (8\text{-}3)$$

将层次分析法获得的权重向量 $\boldsymbol{W}$ 与模糊综合评价获得的评判矩阵 $\boldsymbol{R}$ 通过矩阵乘法相乘，获得被评价对象的相对评语集的隶属度向量，即

$$\boldsymbol{B}=\boldsymbol{W}\cdot\boldsymbol{R}=(b_1,b_2,b_3,b_4) \tag{8-4}$$

式中，$b_k=\sum_{i=1}^{n}w_i\cdot r_{ik}$， $k=1,2,3,4$。

（4）反向模糊化，获得评价结果。模糊数学法获得的评价结果是一个由隶属度函数组成的向量，为了获得一个整体的评价结果，可以采用反模糊化的方法，将评价结果向量与评语集向量相乘，从而获得最终结果，即

$$F=f(X)=\frac{\sum_{k=1}^{s}b_kV_k}{\sum_{k=1}^{s}b_k} \tag{8-5}$$

式中，X 是指标值，$X=(x_1,x_2,x_3,x_4,x_5,x_6,x_7)$；$\sum_{k=1}^{s}b_k=1$，则 $F=\sum_{k=1}^{s}b_kV_k$，$k=1,2,3,4$。其中，F 是评价结果；V_k 是评语集，$V_k=(8,6,4,2)'$。

通过总结归纳，层次分析法和模糊数学法相结合的综合评价过程如图 8-3 所示。

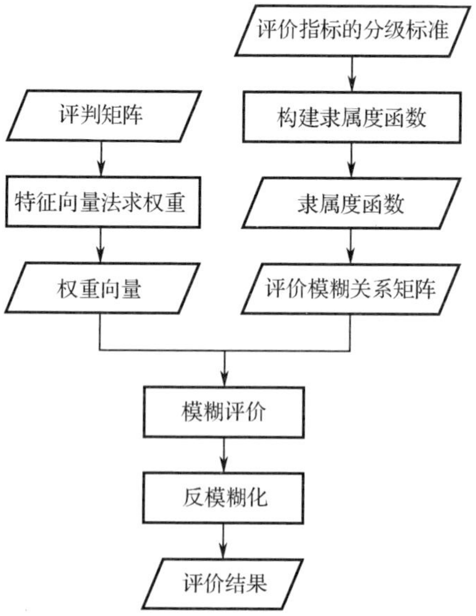

图 8-3　层次分析法和模糊数学法相结合的综合评价法过程

参考文献

[1] 过增元,梁新刚,张信荣. 空间站热管理[J]. 科学通报,2001, 46(16): 1403-1407.

[2] 徐向华. 小型空间站热管理系统动态仿真与实验研究[D]. 北京：清华大学，2003.

[3] CHAPMAN C. 热管理的发展与技术进行保持同步[J]. 今日电子. 2000, (10): 21-22.

[4] 谭建勋，等. 工程机械热管理系统试验平台的开发[J]. 工程机械，2005(1): 41-43.

[5] 卢鹏宇. 整车集成热管理协同控制与优化研究[D]. 长春：吉林大学，2020.

[6] 王国华. 热管理系统散热冷却建模及电池组温均控制策略研究[D]. 长春：吉林大学，2017.

[7] MUTO S, SUGIMOTO T, UTIKAWA A. Development of a cooling module containing a radiator and a condenser Part 1: Product design [C]//SAE 2001 World Congress. Warrendale, PA: SAE International, 2001. DOI: 10.4271/2001-01-1018.

[8] AP N S, GUERRERO P, JOUANNY P. Influence of front end vehicle, fan and shroud on the heat performance of A/C condenser and cooling radiator[C]// SAE 2002 World Congress & Exhibition. Warrendale, PA: SAE International, 2002.DOI: 10.4271/2002-01-1206.

[9] SALAH M H, MITCHELL T H, WAGNER J R, et al. Nonlinear-control strategy for advanced vehicle thermal-management systems [J].IEEE Transactions on vehicular technology, 2008, 57(1):127-137.

[10] ZHANG Z Y, WANG J Y, WANG X, et al. The solutions to electric vehicle air conditioning systems: A review [J]. Renewable and

Sustainable Energy Reviews, 2018, 91: 443-463.
[11] ATSUSHI Y, TADASHI O, YUTO I, et al. Thermal management system for electric vehicles[J].SAE International Journal of Materials and Manufacturing, 2011, 4(1): 1277-1285...
[12] NAINI S S, HUANG J A, MILLER R, et al. An innovative electric motor cooling system for hybrid vehicles-model and test[C]//WCX SAE World Congress Experience. Warrendale, PA: SAE International, 2019. DOI: 10.4271/2019-01-1076.
[13] 张扬军，等. 燃料电池汽车动力系统热管理[J]. 汽车工程，2003(6): 561～565.
[14] 杨胜. 汽车热管理系统半物理试验平台研究[D]. 北京：清华大学，2005.
[15] 谭建勋，等. 工程机械热管理系统试验平台的开发[J]. 工程机械，2005(1): 41-45.
[16] 齐斌，等. 发动机热管理系统试验和仿真研究[J]. 车用发动机，2008(4): 40-43.
[17] 曹旭. 发动机热管理仿真与试验研究[D]. 上海：上海交通大学，2008.
[18] 骆清国，龚正波，刘红彬，等. 柴油机本体冷却水流动与传热 CFD 仿真研究[J]. 装甲兵工程学院学报，2008(6): 34-38.
[19] 骆清国，刘红彬，龚正波. 柴油机缸体—缸套—缸盖—冷却水整体耦合传热仿真研究[J]. 车用发动机，2009(2): 31-35.
[20] 骆清国，刘红彬，龚正波，等. 柴油机气缸盖流固耦合传热分析研究[J]. 兵工学报，2008, 7(7): 769-773.
[21] 桂勇，骆清国，张更云，等. 高功率密度柴油机智能冷却系统设计研究[J]. 车用发动机，2008(6): 62-65.
[22] 骆清国，刘红彬，聂彬，等. 基于 GT-Power 的柴油机环境适应性研究[J]. 装甲兵工程学院学报，2009(5): 30-34.
[23] 田玉冬，王潇，张舟云，等. 车用电机冷却系统热仿真及其优化[J]. 机械设计与制造，2015(2): 238-242.
[24] ZOU H M, WANG W, ZHANG G Y, et al. Experimental investigation

on an integrated thermal management system with heat pipe heat exchanger for electric vehicle[J]. Energy Conversion and Management, 2016, 118: 88-95.

[25] FENG L Y, ZHOU S, LI Y C, et al. Experimental investigation of thermal and strain management for lithium-ion battery pack in heat pipe cooling[J]. Journal of energy storage, 2018, 16:84-92.

[26] 卢广峰，郭新民，孙运柱，等. 汽车发动机冷却系统的发展与现状[J]. 农机化研究，2002 (2): 129-131.

[27] AP N S.A simple engine cooling system simulation model[C]// International Congress & Exposition. Warrendale, PA: SAE International, 1999. DOI: 10.4271/1999-01-0237.

[28] DUDLEY S P, BARRY R E. The measurement of underhood and underbody velocities with the H-meter[C]// International Congress & Exposition. Warrendale, PA: SAE International, 1999. DOI: 10.4271/1999-01-0234.

[29] KEVNI J. Victor Reinz adds sensors to gasket [J].AEI focus on electronics. 2003(5): 79.

[30] AP N S, MAIRE A, JOUANNY P, et al. Economical engine cooling system[R]. [S.l.]: Vehicle Thermal Management Systems Conference. 2001.

[31] DIEHL P, HAUBNER F, KLOPSTEIN S, et al. Exhaust heat recovery system for modern cars[C]//SAE 2001 World Congress. Warrendale, PA: SAE International, 2001. DOI: 10.4271/2001-01-1020.

[32] 张征，陈物銮. 电转换技术在内燃机节能中的研究现状[J]. 节能技术，2004(3): 44-46.

[33] MORI M, YAMAGAMI T, ODA N, et al. Current possibilities of thermoelectric technology relative to fuel economy[C]//SAE world Congress & Exhibition. Warrendale, PA: SAE International, 2009. DOI: 10.4271/2009-01-0170.

[34] 刘洪阳，刘万钊. 发动机排气管余热发电研究[J]. 长春理工大学学报（自然科学版），2007(9): 70-73.

[35] ZENG X, MAJOR G A, HIRAO T. An automotive hybrid heating system for parallel hybrid passenger cars[C]// SAE 2000 World Congress. Warrendale, PA: SAE International, 2000. DOI: 10.4271/2000-01-1276.

[36] JOHNSON V H. Heat-generated cooling opportunities in vehicles[C]// Future Car Congress. Warrendale, PA: SAE International, 2002. DOI: 10.4271/2002-01-1969.

[37] HUANG L J, HAN T. Validation of 3-D passenger compartment hot soak and cool-down analysis for virtual thermal comfort engineering [C]// SAE 2002 World Congress & Exhibition. Warrendale, PA: SAE International, 2002. DOI: 10.4271/2002-01-1304.

[38] MCGUFFIN R, BURKE R, HUIZENGA C, et al. Human thermal comfort model and manikin[C]//Future Car Congress. Warrendale, PA: SAE International, 2002. DOI: 10.4271/2002-01-1955.

[39] TURLER D, HOPKIN D, GOUDEY H. Reducing vehicle auxiliary loads using advanced thermal insulation and window technologies [C]//SAE 2003 World Congress & Exhibition. Warrendale, PA: SAE International, 2003. DOI: 10.4271/2003-01-1076.

[40] 陈矛章. 黏性流体动力学理论及紊流工程计算[M]. 北京：北京航空学院出版社，1986.

[41] 韩占忠，王敬，兰小平. 流体工程仿真计算实例与应用[M]. 北京：北京理工大学出版社，2004.

[42] 任玉新，陈海昕. 计算流体力学基础[M]. 北京：清华大学出版社，2006.

[43] LAUNDE B E, SPALDING D B. The numerical computation of turbulent flows[J]. Comput Methods Appl Mech Eng, 1974, 3: 269-289.

[44] 王福军. 计算流体动力学分析[M]. 北京：清华大学出版社，2004.

[45] 姚仲鹏，等. 车辆冷却传热[M]. 北京：北京理工大学出版社，2001.

[46] 韩立军. 变海拔条件下柴油机传散热规律研究[D]. 北京：陆军装甲兵学院，2018.

[47] WATEL E, PAGOT A, PACAUD P, et al. Matching and evaluating methods for EURO 6 and efficient two-stage turbocharging diesel engine[C]//SAE 2010 World Congress & Exhibition. Warrendale, PA: SAE International, 2010. DOI: 10.4271/2010-01-1229.
[48] LANGEN P, HALL W, NEFISCHER P, et al. The new two-stage turbocharged six-cylinder diesel engine of the BMW 740d [J]. ATZ Autotechnology, 2010, 10(2):44-51.
[49] 顾宏中. 涡轮增压柴油机性能研究[M]. 上海：上海交通大学出版社，1998.
[50] 朱访君，吴坚. 内燃机工作过程数值计算及其优化[M]. 北京：国防工业出版社，1997.
[51] 唐开元，欧阳光耀. 高等内燃机学[M]. 北京：国防工业出版社，2008: 137-138.
[52] 朱大鑫. 涡轮增压与涡轮增压器[M]. 北京：机械工业出版社，1992.
[53] 蒋德明. 内燃机的涡轮增压[M]. 北京：机械工业出版社，1996.
[54] 李彬轩，徐航，何文华. 柴油机实时仿真中燃烧模型的建立[J]. 2001, 19(2): 148-152.
[55] 焦天民，周龙保. 内燃机进气系统模拟计算新方法研究[J]. 内燃机工程，2005(8): 12-15.
[56] 凯斯，等. 流传热与传质[M]. 赵镇南，译. 北京：高等教育出版社，2007: 292-296.
[57] 孙逢春，张承宁. 装甲车辆混合动力电传动技术[M]. 北京：国防工业出版社，2008:3.
[58] 杜毅，廖美英. 逆变器中 IGBT 模块的损耗计算及其散热系统设计[J]. 电器传动自动化，2011, 33(1): 42～46.
[59] 王正星. 电力机车整流机组器件结温计算[J]. 机车电传动，1997(4): 21～23.
[60] KOLAR J W, ZACH F C, CASANELLAS F. Losses in PWM inverters using IGBTs [J]. IEE Proc.-Elects. Power Appl. 1994, (5):235-239.
[61] JORGE A C, MOHAMEDG G. Flow theory [J].IEEE/ACM Transactions

on Networking, 1997(5):661-674.

[62] 刘疆，骆周全. 无水冷却液在发动机上的应用[J]. 柴油机设计与制造，2005, 14(4):32-38.

[63] 骆清国，尹洪涛，刘红彬，等. 不同冷却液对柴油机性能的影响研究[J]. 内燃机，2016(3): 17-20.

[64] 周远芳. 发动机无水冷却液的适用性探讨[J]. 内燃机与配件，2021, 10: 32-33.

[65] 窦植. 海拔、气压、气温、相对湿度与空气密度的关系及其影响电工产品之分级问题的探讨[J]. 环境技术，1986: 7-11.

[66] 西博格，等. 过程的动态特性与控制[M]. 2 版. 王京春，等译. 北京：电子工业出版社，2006.

[67] 王树青，等. 过程控制工程[M]. 北京：化学工业出版社，2008.

[68] LI J, FENG J Z, YU F, et al. The rapid development of vehicle electronic control system by hardware-in-the loop simulation[C]// SAE 2002 World Congress & Exhibition. Warrendale, PA: SAE International, 2002. DOI: 10.4271/2002-01-0568.